G R A V I T A R E 碎刃

DRIVING TOWARD MODERNITY

Cars and the Lives of the Middle Class in Contemporary China

驶向现代性

私家车与当代中国的中产阶级

张珺 ———— 著
席煦 ———— 译
万有引力编辑部 审校

SPM
南方传媒 ｜ 广东人民出版社
·广州·

图书在版编目（CIP）数据

　　驶向现代性：私家车与当代中国的中产阶级 / 张珺著；席煦译. —广州：广东人民出版社，2023.2
　　（万有引力书系）
　　书名原文：Driving toward Modernity : Cars and the Lives of the Middle Class in Contemporary China
　　ISBN 978-7-218-16262-1

　　Ⅰ.①驶… Ⅱ.①张… ②席… Ⅲ.①中等资产阶级—社会生活—研究—中国 Ⅳ.①D663.6

中国版本图书馆CIP数据核字（2022）第235066号

Driving toward Modernity: Cars and the Lives of the Middle Class in Contemporary China, by Jun Zhang,
originally published by Cornell University Press.
Copyright © 2019 by Cornell University
This edition is a translation authorized by the original publisher, via CA-LINK International.

SHIXIANG XIANDAIXING: SIJIACHE YU DANGDAI ZHONGGUO DE ZHONGCHAN JIEJI
驶向现代性：私家车与当代中国的中产阶级
张珺　著　席煦　译　　　　　　　　版权所有　翻印必究

出　版　人：肖风华

丛书策划：施　勇　钱　丰
责任编辑：陈畅涌　罗凯欣
营销编辑：龚文豪　张静智
责任技编：吴彦斌　周星奎

出版发行　广东人民出版社
地　　址：广州市越秀区大沙头四马路10号（邮政编码：510199）
电　　话：（020）85716809（总编室）
传　　真：（020）83289585
网　　址：http://www.gdpph.com
印　　刷：恒美印务（广州）有限公司
开　　本：889毫米×1194毫米　1/32
印　　张：9　　字　　数：227千
版　　次：2023年2月第1版
印　　次：2023年2月第1次印刷
著作权合同登记号：图字19-2022-85号
定　　价：78.00元

如发现印装质量问题，影响阅读，请与出版社（020-85716849）联系调换。
售书热线：（020）87716172

致　谢

　　非常感谢多年来为这项研究与我交谈的人们。他们与我分享了他们生活中的抱负、渴望、挫折和困惑。他们包容了我的好奇心和无知。我要特别感谢我的高中同学和大学同学。其中一位同学设法让我有机会到一家汽车经销店实习。其他人则向我介绍朋友、同学和同事做我的受访者。借这次研究的契机，部分受访者后来和我成了朋友。他们又进一步向我介绍了他们的朋友和同事。正是在这个滚雪球的过程中，我意识到校友关系网在中产阶级社交圈中的作用是多么强大。

　　这本耗时很久的书最终得以完成，为此我要感谢我的导师和授课老师们。我首先要感谢萧凤霞（Helen F. Siu）教授，她为我打开了人类学的大门。我兴趣广泛，而萧老师对我的持续"鞭策"让我心无旁骛，让我在注意力分散的时候，还能回归到手稿的写作。我对比尔·凯利（Bill Kelly）和戴慧思（Deborah Davis）的感激之情难以言表，不仅因为他们对我的指导，还因为他们在我学术生涯的关键时刻提供了支持。我深深地感谢我在中山大学的导师，已故的蔡彦敏教授。她顶着社会压力追求自己兴趣和事业，她是我的榜样。即使我在学术道路上跌跌撞撞，对自己失去信心，她总是相信我、鼓励我。我怀抱着愉悦的心情感谢琳达-安·雷布恩（Linda-Anne Rehbun）、凯瑟琳·达德利（Kathryn Dudley）、卡伦·中村（Karen Nakamura）、托马斯·汉森（Thomas Hansen）和埃里克·哈姆斯（Erik Harms）给我的建议。我还要感谢安德训（Ann Anagnost）、白馥兰（Francesca Bray）、马丽思（Maris Gillette）、穆尔克（Erik Mueggler）、欧铁木（Tim Oakes）、项飚、魏乐博（Robert Weller）和张鹂（Li Zhang），他们在访问我学习和任职的机构时与我讨论了我的研究。此外我衷心感谢麦高登（Gordon Mattews），他在我努力完成这份手稿时给予了我很大的鼓励。

我很幸运身边环绕着乐于助人的同事和朋友。他们是我学术之旅的好伙伴。凌旻华知道我在完成手稿过程中遇到的所有挑战和痛苦，她读这本书的草稿的次数比任何人都多。没有她在智慧和情感上的支持，这段旅程会更加艰难。我非常感谢加里·麦克多诺（Gary McDonough），不仅是因为学识上的交流，更因为他和王庆钰（Cindy Wong）给予我的无限支持。我感谢在写作阶段与我讨论想法、阅读并帮忙润色我的文章、在创作不同阶段提供反馈意见的同事：艾莉森·亚里克西（Allison Alexy）、杜尔巴·查塔拉杰（Durba Chattaraj）、伊萨克·加涅（Isaac Gagné）、大藏奈奈（Nana Gagné）、康怡、江绍龙（Gonçalo

Santos）、拉迪卡·格文德拉扬（Radhika Govindrajan）、安妮·哈珀（Annie Harper）、乔希·鲁宾（Josh Rubin）、奥斯卡·桑切斯-西博尼（Oscar Sanchez-Sibony）、阿莱西娅·萨金特（Alethea Sargent）、瑞安·塞尔（Ryan Sayre）、迈拉·琼斯-泰勒（Myra Jones-Taylor）和安杰莉卡·托里斯（Angelica Torres）。

在广州做田野调查期间，我得到了很多人的帮助。在我数次暑期访问和一次为期13个月的逗留期间，中山大学历史人类学中心为我的田野调查提供了各方面的支持。特别感谢刘志伟教授和程美宝教授以及中心的工作人员欧东红、陈志玲和潘东，他们让我融入到一个愉快的学术环境。中山大学社会学系王宁教授和他的研究生们让我有机会介绍我的项目，并慷慨地与我分享了他们对这个话题的看法。其中林晓珊的博士论文题目与我重叠，但我们依然能开诚布公地对谈，这实为学术上的享受。我还要感谢广州图书馆、广东省立中山图书馆和中山大学图书馆的工作人员，感谢他们耐心帮助我寻找资源。

本书的部分内容在出版前已在不同的演讲和会议中介绍过。我要特别感谢那培思（Beth Notar）和乔舒亚·罗思（Joshua Roth），他们让我有机会在我还是研究生时就能在美国人类学协会和亚洲研究协会的年会上展示我的研究成果。当我对自己的写作过程缺乏信心时，那培思邀请我在她三一学院的课堂上发表演讲，她源源不断的鼓励对我来说意义重大。我在宾夕法尼亚大学杜尔巴·查塔拉杰的写作班、香港大学香港人文社会研究所、香港中文大学人类学系、香港人类学学会都曾分享过本研究的部分内容，我很感激当时听众的反馈。

　　我非常感谢康奈尔大学出版社的罗杰·海登（Roger Haydon），他指导我完成了本书的英文出版过程。匿名审稿人的意见具有高度建设性，帮助我对论点和分析进行了重要的微调。我一次又一次地犯同样的语法错误，而谢基信一直非常耐心地帮我打磨所有英文出版物中的文字。我非常感谢翻译本书的席煦以及其他编审人员。我也从事过翻译以及校稿的工作，深知其中的挑战。我在校稿的过程中，利用身为作者的便利，改写了某些语句。这并不是翻译出错或者不够好，只是身为作者，在某些时候我有更多的空间，知道我可能会用什么样的中文来表述，而不完全受限于英文原文。目前书中仍存在的错误则皆归咎于我个人。

　　耶鲁大学麦克米兰中心和东亚研究委员会慷慨资助了我在研究生期间的田野调查。我在香港中文大学的大学服务中心进行文献研究期间，香港人文社会研究所接待了我，它的恒生银行金禧教育研究基金为部分后续研究提供了资金支持。香港大学的种子基金和香港城市大学的员工发展基金慷慨地资助了书稿的写作和编辑。本书第二章最初发表于《现代中国》第43期（no. 1: 36-65），在收录本书时又做了修改。

　　我始终怀疑自己能否有效且充分地表达我对父母兄弟的感激

之情。虽然他们并不总能理解我的工作，有时他们不认同我在生活中的选择，但他们一直陪在我身边。没有他们的爱、耐心和宽容，我生命中的任何成就都不可能实现。

推荐序

林晓珊

过上现代化的生活，是无数中国人梦寐以求的目标。那么，现代化的生活究竟是怎样的一种生活状态？100多年来，人们对此充满了渴望与想象，并在急剧变迁的现代社会中不断地探索与实践。新中国成立以来，特别是改革开放45年来，在翻天覆地的社会革命中，中国成功走出了一条富有特色的"中国式现代化"新道路。抛开现代化的宏大叙述，如果要在日常层面寻找一样最能体现和承载普罗大众现代化生活的物品，毫无疑问，"汽车"可以是一个当仁不让的答案。

作为现代工业技术的集大成者，汽车不仅是一种新的人类文明产物，是现代文明的"领先物"，而且也是"改变世界的机器"，是驶向高度现代化的先驱。只是，谁也没有料到，曾经汽车工业基础落后，且在制度上严厉抑制私人汽车消费的中国，会在如此短暂的时间内，从一个熙熙攘攘的自行车大国，一跃成为一个与美国、日本等现代化国家一样的汽车大国，如今甚至在新能源汽车生产方面已经走在世界前列，成为世界汽车强国。毋庸置疑，中国已经进入了一个飞速发展的汽车社会，"机动车体制"似乎也成为了当代社会的"中轴原理"。而从中国老百姓对汽车消费由奢侈品到必需品的观念转变中，我们也看到了民生福祉与社会环境的巨大变化，这也从另外一个角度折射了"中国式现代化"的重要一面。

那么，这一过程是怎么发生的？汽车对人们的日常生活到底产生了怎样的影响？人们又是如何通过汽车来重构日常生活的？我曾经也着迷于这些问题，不仅在茶余饭后乐此不倦地与友人讨论，而且也将此作为严肃的学术问题进行过规范化的社会学研究。因此，当《驶向现代性》一书摆在我面前的时候，一下子重新激活了我对这些问题的思考，时光仿佛回到16年前我在广州车展上做田野调查的情景之中。一开始，我的眼里只有形形色色的车，而后，看到的是蠢蠢欲动的人，再然后，一张由国家、市场与社会交织在一起的大网朝我覆盖而来，把我连同我思考的问题都装入其中，我试图从中破茧而出，寻找一个令人满意的答案。

我的答案能否令人满意我不得而知，但《驶向现代性》一书所揭示的答案，对我来说，既是那么的亲切、熟悉，又是那么的富有启迪。亲切和熟悉的是，恰是在16年前的那个初春的夜晚（确切的时间应该是2007年3月23日），本书作者张珺博士在中山大学社会学系举办的一次博士沙龙中，分享了她关于汽车的人类学研究，演讲题目的主标题正是"Driving toward Modernity"，这一标题她一直沿用到本书出版，可见她对这一标题的偏爱，而当初最令坐在教室里听讲的我印象深刻的也正是这三个单词，它们所表达的意思，直击我所有问题的深处，仿佛把我所要写的一切都凝聚在这三个单词里面，因而当我一看到这个书名，张珺博士演讲时活灵活现、娓娓道来的神情立马浮现在脑海里。富有启迪的是，尽管我们都是在10多年前开展同一主题的研究，但是，读到她的文字，特别是她以人类学民族志的方式所呈现的案例分析与思考，让当下的我犹有拨云见雾的感觉，如同当年我们在中大小北门后面的糖水店里交流田野调查经验时她给我的启发一样。不止于此，她在书中向读者展示的轿车和机动车体制是如何在日常生活中塑造了中产阶级的社会性、凝聚力和主观性的精彩过程，也为当前汽车消费研究打开了一片开阔的研究视野。

　　汽车是有社会生命的物品，但我们的研究有一个共同点，那就是我们对汽车的研究从不止步于物和物的意义本身，而是透过私人汽车消费，来洞察国家与社会的变迁，包括社会各个阶层（尤其是中产阶级）在生活方式、消费欲望、身份认同、身体流动、空间体验和情感表达等方面的变革与重塑。可以说，汽车为我们分析当代中国社会变迁与社会关系结构提供了一个非常好的切口。这一点，对本书作者来说可能有更深的体会。不像我们常年生活在国内，容易对正在发生的变迁熟视无睹，而作者在国外从事研究10多年，几乎每个夏天都会回到珠三角跟进研究，剧烈的社会转型和持续的跟踪研究必然将不断重塑和推进作者的分析重点，进而在东西方生活经验的观照中产生更具震撼性的见解。正如作者在本书末尾所说的，"要研究在中国发生的变革，需要细致分析国家与社会之间以及国家与市场之间的界限是如何形成和重构的，而本书作为一部关于当代中国机动车体制和中产阶级的民族志，提供了洞察变革的背景、结构和嵌入性问题的见解"。

的确如此，本书对上述问题提供了一种非常有价值的见解，任何一个对我们这个时代滚滚巨变感兴趣的读者，在阅读本书之后都会从中获得启发，乃至唤起新的思考，毕竟当前我们都生活在作者所说的"机动车体制"之中，巨大的流动性正在冲击每个人的日常生活，而我们正是通过汽车来重新组织碎片化的日常生活。不仅如此，"本书通过仔细分析物理上的移动和社会流动性如何相互交织作用，描绘出了一幅更加细致入微的图景，展示了中国这场伟大变革的连续性，还有变革过程中的结构性和自主性的辩证关系"。当我读罢掩卷细想，的确感受到了作者的这一用心，在本书细腻的文字中，不管是隐藏在字里行间的理论主旨，还是在案例故事中详尽铺开的民族志方法，都可以看到作者对"中国这场伟大变革"的关注与思考，尤其是对城市中产阶级的深入剖析，通过揭示轿车与中产阶级相互缠绕的关系，清晰勾勒了新的社会阶层的面貌，阐述了国家、社会与个人之间的复杂性。在这里面，既可以看到一个潜藏在学理之中的人类学叙述框架，又可以看到一个学者对现实生活变迁的关怀与洞察。

这种关怀，蕴含在作者对正在崛起的中国城市中产阶级的刻画之中，是透过机动车体制对当代中产阶级生活状态进行鞭辟入里的考察。作者在书中分析了中产阶级如何寻求并建立信任，如何与朋友一起开车出去玩，如何在家庭用车中践行传统孝道，如何重构汽车碰撞出的空间秩序，以及"吉祥车牌"的意义解构和中产阶级对泊车问题的协商与抗争等等。在我看来，这就是一副色彩斑斓且复杂多样的现代性生活体验，其中不免也夹杂着默顿所说的"好恶交织"的现代性体验。而在吉登斯看来，现代性就是现代社会或工业文明的缩略语，但它"以前所未有的方式，把我们抛离了所有社会秩序的轨道，从而形成了其生活形态"。由此，自然而然引起了我对正在试图统治我们的机动车体制的疑虑：我们究竟是要"驶向"现代性，还是要"驶离"现代性？

（作者系浙江省委党校教授、博士生导师，中国社会学会消费社会学专业委员会副理事长，《汽车梦的社会建构》作者）

目 录

引　言

2016年夏天，在位于珠江三角洲地区的佛山市南海区，我拜访了明丽。我和明丽早在本世纪初便通过一位共同的朋友相识。当时明丽刚大学毕业，成为一名初级的公务员。随后的几年里，她步步高升，做到了某局的中层，掌管局内的一个部门。她开的车也跟着升级，从国产的便宜小夏利换成了一辆宝马。2005年前后，明丽结了婚，丈夫在大都会广州经营着一家媒体企业。踩着本世纪第一个10年的尾巴，明丽怀孕生子。又过了几年，他们一家从广州郊区的一个大型封闭式小区搬到了南海区中心的某小区，这样她的儿子就可以进入附近学区一所很好的公立学校上学。明丽的丈夫每个工作日都开车往返于南海和广州之间。

明丽开车送我回酒店的途中，我们聊到了近年来她工作日常的变化，也聊到了大家如何平衡工作和生活。我们驶上高速路，没走多久就被堵得水泄不通。明丽抱怨起交通状况："我们现在买得起车了。以前，车都是用来吹牛显摆的。那时候做梦都想买车，想着'等有了车，想去哪就去哪'。现在每个人都有车，结果咱们就被困在了路中央——过的日子也是一样，被困在中间。"

　　明丽的话让我想起另外一位熟人曾发表过相似的见解："我们，上有老，下有小，是真正的中产——夹在'中间'的'中产'。"在我和采访对象们聊起他们的工作和生活时，高不成低不就的"中间感"时不时在谈话中浮现。[1]

　　30年来，中国推进市场化改革，融入全球产业链，在社会主义现代化建设过程中许多人脱离了贫困的泥沼，中产阶级冉冉升起。过去，有限的公交车和地铁限制了人们的社会生活，但现在私家车车主数量激增，人们开车去与朋友会面，开车上下班，探索偏远地带。这些人的经历是怎样的？他们如何实现向上的社会流动？物理层面的移动如何与社会流动相互作用，又如何影响人们对社会流动的理解？

　　轿车作为一个典型，折射出中国崭新的物质条件和基础设施建设。本书正是在这一背景下，剖析了像明丽这样自我身份认同为中产阶级者的生活。本书也探索了机动车体制的出现与中产阶级的诞生这二者间错综复杂的联系，记录下身份认同、社会性和物质文化如何被挑战、被协商、被塑造。本书向读者展示出轿车和机动车体制如何在日常生活中塑造了中产阶级的社会性、凝聚力和主观性，亦展示出机动车体制如何在中产阶级的诞生过程中被赋予意义。

　　历时数十年的改革催生出多种多样的出行方式，其中一种是以轿车①为中心。汽车（automobile）——我更愿称之为"机动车体制（automotive regime）"②，既是社会与技术二者聚合的产物，囊括了"人类、机械、空间（包括道路及其他）、代理人、监管机构，还有大量的相关行业及基础设施要素"（Edensor 2004，102；另见Featherstone 2004；Sheller和Urry 2000；Urry 2004）。²美国人和欧洲人已经对机动车体制非常熟悉，因为二战之后，轿车已经成了他们家庭日常生活的一部分（Flink 1988；Lutz和Fernandez 2010）。罗兰·巴特（Roland Barthes）把轿车比作宏伟的哥特式大教堂，强调了轿车在当代社会中作为符号的重要象征意义："所有人都把轿车和教堂二者视为具有魔力的物体，就算不是实用消费品，也是被当做一种形象被消费。"（1972，88）约翰·厄里（John Urry）则考虑到个人的轿车使用体验，提出使用轿车是"步入成年的象征，是公民身份的标志，是社交和人脉的基础"（2007，116）。

　　相比之下，中国在20世纪70年代末以前禁止个人拥有私家车，轿车直到21世纪初才广泛普及。但在改革开放后的短短10年

---

　　①　中文里的"汽车"包含各种车辆，如公共汽车。但英语里的car，一般指的是轿车，平时用法中还包括SUV（运动型多用途汽车），mini van（厢式旅行车）。本书主要讨论家用汽车，其中又以轿车为主。

　　②　automobile在英语里接近中文的"汽车"，automobility在本书中可理解为汽车流动体制。automotive regime在本书中译为机动车体制，这个说法或译法在一定程度上是为了区别前文的automobility，强调automobile（汽车）并不都是流动的。

内，中国便以惊人的速度一跃成为世界上最大的轿车市场。随着轿车导向型社会的到来，中央和地方政府都不得不投入数十亿资金来大范围建设道路基础设施和交通网（Campanella 2008; Zhang Ju. 2016）。交通拥堵已经成为城市生活的代名词。与其他许多国家一样，[3]机动车体制促进了社会空间和物理层面的流动（下层阶级从中得到的帮助少于精英和中产阶级），但与此同时，也造成了空间隔离并衍生出结构性的工作机会不平衡。机动车体制重置了城市景观，重新谱写了人们日常生活的节奏。

保罗·吉尔罗伊（Paul Gilroy）曾探讨轿车与非裔美国人之间的关系，他评论说："非裔美国人有一段独特的历史，历史上他们没有财产权，物质匮乏，使得现在的非裔美国人倾向于对特定形式的财产（如轿车）一掷千金，力求那些财产为人所见，并与他们的地位相衬。"（2001，84）在中国，许多渴望买车的人在决定加入有车一族的行列时，其心态与非裔美国人有没有相似之处？如果有，会在哪些方面相似？有车一族的生活方式中不只包含着期待和欲望，也夹带着物质世界和消费自由的承诺所带来的束缚和疲惫——老一辈人没有经历过这些，他们做梦也想象不到。一辆轿车，不只给车主带来吹嘘的权利；在过去几十年中，对社会各阶层的人来说，它本身还成为一种物质、视觉、隐喻的载体，反映一个人社会流动性和空间移动能力的强弱。

因此，轿车与中产阶级间千丝万缕的联系能提供一个很好的切入点，由此阐明日常的实践中所蕴含的意义，而正是这些实践让新的社会秩序发挥作用，塑造了用以改造这个国家的多种政府治理策略和政府形象。本书通过仔细分析物理上的移动和社会流动性如何相互交织作用，描绘出一幅更加细致入微的图景，展示了中国这场伟大变革的连续性，还有变革过程中的结构和自主性的辩证关系。

在引言的剩余部分，我将首先阐释如何收集数据，以及将哪些人定义为中产阶级。随后，我将粗略勾勒机动车体制的崛起和中产阶级轿车所有权的普及，继而将在社会结构变化的语境下讨论"中产"以及与之相关的词汇。这些内容都将作为后文讨论的重要背景。结论部分会详细阐述"轿车—中产阶级"间的缠绕关系，这将有助于我们理解中国的巨大转变。

从轿车到中产阶级：研究对象和研究方法

10多年来，我的研究领域上的变化令我重塑了自己的分析重点。2003年和2004年时，中国的私家车车主数目正在迅猛增长，推动了机动车体制的产生，我的研究刚刚起步，当时试图追踪这一进程。在经过了两个夏天的初步考察后，我于2006年7月开始在广州和珠江三角洲的其他城市进行密集的田野调查，直至2007年8月。我住在一个封闭式小区（complex）内，该小区的居民无论用哪种标准衡量都算得上是中产。[4]当时我在一家汽车经销店实习了4个多月。借助我的校友关系网，我采用滚雪球式抽样法，就个人对拥有轿车以及与车相关的生活模式的看法做了半结构化访谈。有些受访者邀请我参加他们的周末远足、文体活动，还邀我去饭店共进晚餐。我们的谈话有时会从轿车跑偏到生活的其他方面，但我们的互动始终与轿车有关。之后的10年里，我几乎每个夏天都会到访珠江三角洲，跟进我的研究，并且定期去拜访受访者中的几位关键人物。

我田野调查的访问对象涵盖从政府官员到汽车修理工等形形色色的人物，我认为他们中的大多数都是中产阶级。定义"中产阶级"的困难众所皆知（Abercrombie和Urry 1983）。在经典社会理论中，社会阶层必须与生产关系和结构化的经济机会相挂钩，人们把各社会阶层想象成一个渐变的分层。在这个光谱中，中产阶级被定义为夹在中间"一系列不断变化流动的社会阶层"（Mangan 2005, 3），但它与其他社会阶层之间的边界是模糊不清的，因此给研究带来很多不便。另有一个困难之处，是学术研究中的"道德参与"令中产阶级被描绘成跟外国或殖民精英相似，是剥削者和一味追求地位的消费者（Heiman、Freeman和Liechty 2012, 5-6），这进一步阻碍了对中产阶级的深入研究。但尽管存在这些困难，还是涌现出越来越多致力于研究中产阶级的人类学文献，特别是针对世界上那些欠发达地区的研究。[5]站在马克斯·韦伯（Max Weber）、皮埃尔·布迪厄（Pierre Bourdieu）和E.P.汤普森（E.P. Thompson）等前人的肩膀上，民族志学者们仔细审视中产阶级及其生活方式，借此清楚地揭示出由全球化塑造的社会结构变化。[6]

我的研究路径如下：我将中产阶级的形成视为一个多维度的社会工程，它需要不同的行动主体之间持续不断的协商和相互适应。之所以说中产阶级具有多维度性，是因为就像"社会阶层"的概念一样，"中产阶级"作为一个概念可以被学者用作一种分析工具，来描摹结构性的不平等和权力关系；可以作为一个人口普查或统计学类别，用于衡量消费力，并为政策的制定提供参考；它也可以作为一种身份认同，由特定的社会、历史、政治条件所塑造（Zunz、Schoppa和Hiwatari 2002）。无论"身为"中产阶级，还是"正在成为"中产阶级，都需要与社会和物质世界不断互动。要理解一个如此复杂的研究对象，适合以一种包含大量翔实描述的民族志方法作为工具。

我的采访对象中，大部分的中产阶级人士都生于20世纪60年代末到80年代初之间。一半以上是从中国的其他地方来到珠江三角洲的城市安家落户。[7]他们中的大多数人在工人家庭或基层干部家庭长大，少部分来自农村，经历过普遍贫困的时期。他们对食物配给制度记忆犹新，也记得旧时日常生活必需品的品种单一，要么没得挑选，要么可供选择的种类非常有限。城市生活中日常移动最主要依靠的交通工具是自行车。比起他们的父母一辈，他们在步入成年时，生活相对平稳。他们获取教育的成本不高，大多数人在参加工作之前都上过大学，然后才成为公务员（例如明丽）、律师、工程师、医生、大学教授、学校老师和小企业家

（如明丽的丈夫）。

对我的受访者进行人口统计，其结果与现有的研究中国中产阶级的文献有若干相似之处。但与张鹂（2010）和庄思博（John Osburg 2013）笔下描述的企业家不同，在本书中，我采访到的个人往往具有高等教育背景——用邓利杰（Luigi Tomba）的话来说（2004，2014），其中大多数是"受薪专业人士"。但邓利杰研究的受薪专业人士大多集中在国有经济领域，而我的受访者更多的是在私营经济领域工作。

我刚开始做田野调查时，虽然已经有些受访者晋升到高级职位，但大多数仍处于职业生涯的起步阶段；他们具有很强的流动性，渴望证明自己的能力。到本书出版时，他们大多已经与教育背景、家庭背景相似的对象结婚（例如明丽夫妇），有稳定的收入来源，而且已经开始生儿育女。过去的五年中，房地产价格像坐上了火箭，一路飞涨，但几乎所有受访者都赶在涨价前早早买房，并且大多数已经还清了银行贷款。

要想获取受访者的家庭收入或家庭财产的精确数据并非易事，但我根据2014年至2016年与他们闲聊的内容，估算他们的人均年收入普遍在12万元人民币到100万元人民币之间，也有人年收入超过百万。他们当中有一半以上的人年收入在20万至40万元之间。而他们自报的储蓄率（包括储蓄和投资）则介于30%到50%，因背负的住房贷款和子女教育成本的不同而各有差异。要知道这些数据的含义，可以将其与以下数字对照：2013年广州市城市居民的人均年可支配收入为45792元人民币，全国性的数据则为26955元人民币。[8]在一份2013年发表的报告中，麦肯锡咨询公司将每年可支配总收入（而非人均）介于6万至22.9万元人民币之间的家庭（Barton，Chen和Jin，2013）定义为"中产家庭"。我的受访者们对麦肯锡报告里数据的下限表示强烈怀疑。受访者们表示，考虑到珠江三角洲作为中国最富裕的地区之一的消费水平，每年6万元人民币的家庭可支配收入远远不足以支撑中产阶级的生活。他们在2014年接受访问时介绍说，在这里，一个人至少年收入要达到12万元人民币，才算得上中产阶级，才能承担得起所有常规性的生活开支：小区物业管理费、养车、孩子的教育、老人的照顾护理、家庭度假旅行、社交活动以及为将来应急而备的储蓄。相应地，由夫妇二人组成的家庭，要想达到"中产"的水平，则需要两人每年挣满24万元人民币。如果房子的贷款还没还清，那么前面提到的这两个数额还要再往上添。我将在本书第二章向大家展示，一般情况下，人们至少要等到交完一套房的首付款之后，才会买车。[9]因此，有车通常可以表明这家人有着稳定的经济基础。

机动车体制的兴起和轿车所有权的普及

轿车在20世纪初传入中国，它走进中国普通老百姓生活的过程与西欧、美国、苏联以及一些东欧国家的情况大有不同

（Berdahl 2000; Flink 1988; Siegelbaum 2008, 2011）。本书在序言中将描述更多相关细节。在此，我只作简短的概述，作为后文讨论的背景信息。

20世纪70年代末以前的中国，只有党和国家的高级官员才有权使用汽车（Barmé 2002）。街上能看见的极少量乘用车，承载着的是人，也是国家权力和官员特权。在20世纪70年代末至90年代初，汽车工业是中国政府在资本主义生产方式上的试验田。当时国内生产的乘用车总量还很低。在整个20世纪90年代，国内大部分地区的私家车所有权仍处于国家控制之下。大多数轿车仍然归国家机关、政府附属单位和国企所有。

中国于2001年加入世界贸易组织后，私家车产量和购买量齐头并进。举个例子，2006年到2007年，我在广州做田野调查的时候，警察、交通方面的专家、出租车司机和汽车推销员都会自豪地告诉我，每天有超过500辆新车在广州市公安局车管所登记。而2003年至2016年间，每百户城市家庭拥有的乘用车数量增长了10倍以上（如图1）。在不到20年的时间里，中国已经从自行车王国一跃而成为世界上最大的轿车市场（Gerth 2010；Notar 2015）。在机动车体制的崛起过程中，从国际轿车制造商、银行到中央和地方各级政府，从农民工到新兴中产阶级都参与其中。

对中国政府和许多中国人来说，机动车体制是现代性的象征。我所说的现代性是指各种各样的社会工程投射、认知和情感，不同的社会行动主体不仅与这些项目投射、认知和情感是相

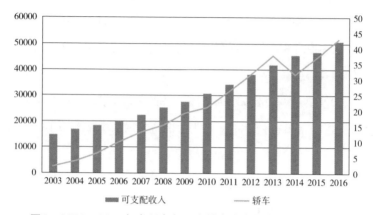

图1　2003—2016年广州市每百户城市家庭轿车拥有量与人均年可支配收入的关系（单位：人民币）

关的，并且将它们想象为"现代性"。[10]汽车工业的腾飞和轿车市场的日渐繁荣，二者都构成并体现了国家发展进程、技术进步和资本主义劳动力市场。此外，正当社会各方的参与者们因落后而感到焦虑，感到需要全速前进、奋起直追之际，机动车体制给予了他们想象的空间。

21世纪头10年，我刚刚开始做田野调查，许多相熟的受访者渴望买车。他们当中有些是大学生，考取驾照只是为了在简历的技能栏里增添一笔。那时，我差不多能盘点出市面上所有流行的车型，并且给出它们大致的价格；毕竟，车型总共只有寥寥几种，屈指可数。跨入21世纪的第二个10年后，我的受访者中有很多人都迈进了新的人生阶段——成为一名车主。他们是他们家庭中第一代有车的人，而且他们第一次买的车大部分都是中等价位的中型轿车。我也见证了他们当中的小部分人，将一辆低端、袖珍型的小轿车（例如奇瑞QQ）升级迭代，换成中端的轿车（例如凯美瑞），甚至升级到高端的奥迪。有些人甚至买了第二辆车。受访者们的社交圈中，有许多他们的熟人也是车主。多年来，我目睹在买车方面，"同伴压力"水涨船高。现在，只有极少部分人是在可以承担买车的情况下单纯因为不想买而未买。[11]而且现在作为他们生活观察者的我已经不能熟记大部分的车辆构造和型号了，因为市面上车辆种类实在太多。

　　过去的几年里，中产阶级对于拥有轿车已经越来越习以为常。诚然，马力很大的豪华轿车，例如玛莎拉蒂或劳斯莱斯，是为超级富豪准备的。中产阶级购车虽然已经是普遍现象，但就总体人口而言，中国的轿车拥有率仍然很低。根据世界银行的数据，2010年德国、日本和美国每千人分别拥有517辆、453辆和423辆乘用车，而中国只有44辆。[12]而齐慕石（Timothy Cheek）在21世纪初期对轿车与财富关系的观察——他称之为马路上的"社会等级制度战场"（2006，90）——在某种程度上仍然是正确的。

　　但对明丽和其他与她境况相似的人来说，如今买"一般品牌"的轿车更多的是出于便利和必要性，而不是为了彰显地位（参见本书第一章）。轿车的地位正处于变化之中，我在和塞西莉亚①之间的对话中最能捕捉到人们对这一点的洞察。2014年

---

　　①　书中受访者的名字均为化名，故不加英文括注。——编者注

时，塞西莉亚是一位律师，也是一位母亲，因为工作与家庭她经常开车。塞西莉亚将轿车和空调做了一个类比。10年前，当空调刚出现在市场上时，它是一种奢侈品。但现在在广州这样的城市，夏天没有空调的日子简直不可想象。轿车也是如此。塞西莉亚说："一开始，我们都梦想拥有轿车。我们想，'等我有钱了，我就买车。'现在它变成了'代步工具'。"轿车如何逐渐被视为一种能给人们的日常生活带来便利的普通物品，与更宏大广阔的变革息息相关，这场变革已经重塑了中产阶级工作与生活的关系（参见本书第一章）。

私家车的普及表明，虽然轿车仍然是确认个人成就和向上流动的标志，但人们对于拥有轿车的愿望不应简单地解释为"工具性的，目的是获得社会地位"（O'Dougherty 2002, 9）。随着轿车从只供官员使用的专门物品转变为中产阶级的日常用品，实际上发生变化的，不仅是轿车生产成本的降低，而是如阿尔君·阿帕杜莱（Arjun Appadurai 1986）所暗示的那样，轿车的重要性已经随着它们所嵌入的社会、文化和政治网络而演变。

因此，我的注意力也从轿车转向了整个机动车体制和一个主要的用户群体——中产阶级。在本书的其余部分，我首先研究轿车生产和轿车市场的形成与转变，这是轿车在民众中普及的产业背景。随后，我考察了轿车在塑造中产阶级社会生活和家庭关系时所起的作用，亦考察它如何反过来被这两者塑造（参见本书第一章和第二章）。在第三章和第四章中，我聚焦于在汽车特许经销店里的人们，因为我在那里做过田野调查，通过这些人的故事，可以展示出汽车分销渠道的转变和经销店的运作。最后，我研究了车牌和停车问题（参见本书第五章和第六章）。我通过仔细研究那些被机动车体制开启、表现或抑制的不同关系（Featherstone, Thrift, Urry 2005；Miller 2001；Seiler 2008；Siegelbaum 2008, 2011），展示逐渐成形的机动车体制如何被不同形式的社会互动所塑造，而后者又如何反过来被机动车体制重塑。因此，在我一步步解析机动车体制是如何成形和运作时，中产阶级这一占首要地位的车主群体得以在本书中生动形象而内容丰富地展示他们的面貌。

社会结构的改变，中产阶级主观性的兴起

中产阶级之形成必须置于整个20世纪中国复杂的社会背景下审视。

将人进行分类或命名的举动为人格的形成创造了多种可能性。然而，"一个名字要开始发挥其创造性的作用，就需要权威。它需要在制度中被使用"（Hacking 2002, 8）。在中国的社会结构中，社会阶层与空间使用权和社会权利相关。一个标签可以成为人一生的决定性因素。[13]

中国的社会结构除了与社会运动相联系之外，从20世纪50年代开始，至少延续到20世纪90年代初，在中央计划经济下的知

识体系，塑造了一批关于中产阶级的想象。[14]在户籍制度下，凡是住在农村的居民都被标记为"农民"，而住在城市的居民就是"工人"。这些身份很难转换或获得。根据中央计划经济的要求，农民隶属于农村经济，从事农业，实行集体土地所有制。工人和干部则属于城市经济，城市经济主要围绕工业和工作"单位"展开。[15]这种双轨系统在由国家实施再分配的经济体制之下，为城市居民提供的安全感和可预见性比农村居民多——以牺牲社会流动性和空间移动性为代价（Walder 1986；Whyte和Parish 1984）。城市工人尽管收入低，但拥有稳定的经济收入和社会声望，因此社会学家李强（2004）将毛泽东时代和20世纪70年代末至90年代初的城市工人称为"准中产阶级"。

随着20世纪70年代后期政府的工作重心开始从阶级斗争转向经济发展，原有的社会结构体系开始瓦解。农村经济在20世纪80年代经历了去集体化。数以千万计的农村居民离开村庄到工厂工作，这些工厂由外资建立，以资本主义生产方式经营（Pun 2005；Solinger 1999；Whyte 2010）。中央计划经济下形成的城市经济在20世纪90年代中期面临严峻挑战，国有企业因经济体制改革而爆发倒闭潮（Cheek 2006；Lu D. 2006）。曾经被承诺终身雇佣的工人们有的被解雇，有的被迫提前退休（Cho 2013；Lee C. K. 2007）。由于年龄已大，受教育水平又不足，他们中的大多数人在新的经济体系中很难找到工作。

新的职业结构出现了，"体面工作"的种类也发生了变化。

随着高等教育扩招、工业化和第三产业的专业化，管理人员、专业人员和企业家如雨后春笋，层出不穷。20世纪90年代初期，许多政府官员和知识分子离开了稳定的工作岗位，"下海"经商。与此同时，国家实施政治体系改革，努力巩固执政的稳定性，并减少对政治动员的依赖。进入21世纪以来，就业市场竞争激烈，而国家公务部门及事业单位稳定性高，兼具优厚的福利待遇，因此政府机关、法院、公立学校和一些大型国企（例如中国石油）备受追捧。

　　"中产阶级"这个新名词逐渐应运而生。它开始系统地出现在国家资助的学术研究和讨论中，而其中最值得注意的是中国社会科学院2002年的调查报告以及随后的社会分层研究。[16]这些研究有明确的目标，为政府决策提供实证数据。学者们（主要是社会学家）将收入和职业作为变量，用定量数据绘制社会分层图。正如任海（Hai Ren）所说，他们在把社会分层的概念化的过程中"强调了将中产阶级构建为一个用于理解社会认识类别，通过这些类别将社会现实转化为一种可计算的形式……它也建立了以统计形式中国的阶级体系直接关联到制度下的赋权和区别对待。具体而言，阶级体系的这一面与城乡差异紧密结合。20世纪50年代，城乡差异借户籍制度而实现制度化"（2013，37）。

　　这些学者认为，马克思主义的阶级理论模型不足以概括正在迅速转变的社会，也无法囊括社会的多样性。正如安德训所说，"不同于'阶级'，'社会阶层'这种新生词汇指的是社会不平等，但没有假定社会对抗的存在"（2008，501）。学者们开始使用"中产阶层""中产阶级""中间阶层"等术语，以此取代过去使用的术语"小资产阶级"。

在21世纪头10年的中期开始，公务部门紧跟学术著作的脚步，开始采用这些术语，并使用"中产阶级有利于社会发展"的论述（Li C. 2010,11）。政府随后宣布了"扩大中等收入群体规模"的愿景（Li C. 2010, 8）。中产阶级作为一个群体类别终于在21世纪的第一个10年获得了其政治合法性，与此同时，针对普通消费者的轿车市场也孕育成形。

在新千年的第二个10年中，中产阶级已成为一种越来越有自我意识的身份认同。据我观察，在2008年全球金融危机之后，中产阶级人士对其"中产"身份的自我认同越来越显著。部分原因是跨国公司和媒体要在发展中国家开发新的消费群体，中国中产阶级的言论曝光率大增。此外，这种身份意识的产生还源于中产阶级对他们的人生阶段、物质财富和独特的生活实践所日益增长的认识。

新兴的、独特的中产阶级生活方式和身份通常在消费研究的分析框架内得到检验（例如，参见Tsang 2014，Yu 2014）。张鹏通过研究昆明市封闭式小区的房屋所有权，开创了中产阶级民族志研究的先河，[17]在那里的房主们通常"被认为是经济富裕，但缺乏象征性资本"（2010，9）。张鹏认为，对他们来说，消费"成为获得文化资本和象征性资本的主要渠道，也是宣扬和验证其社会地位的关键"，中产阶级的自我价值、爱情和婚姻关系"正随着私有财产重要性日益增加而被重新评估"。与此同时，一心逐利的房地产公司，开发出为城市中产阶级量身定制的封闭式小区——中产阶级人士渴望宁静、安全的生活，想要拥有象征地位的标志物。正如张鹏所展示的，这些封闭式小区允许中产阶级"通过空间上的排他、文化差异和生活方式的实践来达成自我实现"。

张鹏巧妙地将资本积累和改革时期的治理、中产阶级个人如何表达自我观念联系起来。她令人信服地展示了空间隔离如何有助于巩固社会结构。然而，尽管她成功地强调了在国家发展过程中房地产行业如何嵌入进新型城市经济，但对家庭关系的分析就相对薄弱。她的民族志中描述的一系列事件给人的印象是，房子的商品价值——而非在成家过程中形成的种种社会关系——是个人中产阶级身份的核心。然而，张鹏虽然提到了文化的重要性，但却没有解释，通常被视为经济资本标志的豪宅，如何能为这些中产阶级居民提供文化资本。

虽然消费对于塑造中产阶级的生活方式至关重要，但在大多数情况下，能否跻身中产阶级与消费的品牌、价格或物品所有权本身无关。就我的受访对象而言，"中产阶级"这个词捕捉到了他们对生活的强烈感受：处于中间位置的感觉。我注意到，进入21世纪的第一个10年之后，我的受访者们越来越多地使用"中产"一词来谈论自己和某些生活方式。他们是中年人，是多代家庭的中间层。他们已经抵达职业生涯的中间点。就财务状况而言，他们处于舒适区，但仍在支出上很谨慎。他们将自己与新富们区分开来（参见本书第五章），他们与庄思博（Osburg 2013）描述的那些人并不一样，他们不认为自己是精英，认为自己只是通过努力工作谋生的"普通人"（或"一般人"），对社会没有太大影响。

中间性的含义有时是积极的，因为它暗示着向上的社会流动，但它也可能暗指停滞不动，这从明丽等人选择用"被困"或"卡住"等词中可以明显看出。他们个人的空间流动性和工作流动性往往服从于家庭的需求。由于缺乏相应的人脉关系，他们怀疑是否还能进一步向上流动。许多人也担心收入差距的不断扩大会给社会带来负面影响。一些人寻求移民，抛下那些"被卡在"现实中的人。

在某些情况下，我的受访者们坚持认为，当他们将新的中产阶级认同与旧的身份认同比较，"中产阶级"这个标签对他们来说意义不大。正如受访者们经常告诉我的那样，人们不知道一个人是否真的算是中产阶级，不知道一个人为什么被当作或不被当作中产阶级，也不明白这种身份有没有用。

这种既没有制度认证，又对未来缺乏清晰愿景的中间性导致了高度的焦虑感和脆弱性。焦虑在世界其他地区的中产阶级个人和家庭中很常见。对生活在美国这种国家的人来说，焦虑通常表现为对向下流动的恐惧（Ehrenreich 1989; Heiman 2015; Ortner

2003）。在中国，中产阶级的焦虑与印度等其他新兴经济体的情况有一些共同点：人们体验到的焦虑来源于向上的社会流动，中产阶级身份这一新生事物的不确定性，还有急剧变化的环境的不确定性（参见本书第四章）。

这种由模糊与焦虑交织成的复杂感受既受到物质世界和社会的影响，也反过来塑造物质世界和社会中的日常实践和互动。受访者们与物质世界的接触和大部分日常实践并不是为了有意识地追求中产阶级身份。相反，这些实践往往牵涉的是实用主义的问题。他们的社会性（参见本书第一章）、家庭建设（参见第二章）、自我意识、与其他社会群体的区别（参见第三、四和五章），以及他们的权利感和缺失感（参见第六章），以上种种都可以影响到这些实践。这些是活生生的经验和生命历程，可以在中产阶级与机动车体制互动的方式中得以一窥。

因此，我的研究建立在张鹂对住房和政治经济的洞察之上，她的见解为中产阶级的形成构建了框架，但她更多地展示了中产阶级个人层面的生活轨迹、社会互动和社会协作如何在机动车体制中得到体现并被机动车体制操纵，而较少关注涉及轿车的政治经济问题。我则着眼于展示中产阶级如何"感受轿车"，如何"通过轿车来感受"，如何"作为车主来感受"（Sheller 2004, 228），这种种感受显示了中产阶级的形成是一个广阔的社会课题，它在形成的过程中会唤起人们在感性、理性和伦理等方面的考量，这些考量不能简单地归纳为"获得某种社会地位"。

机动车体制、中产阶级和社会转型

中产阶级和机动车体制这二者的崛起过程密不可分，我在组织材料以呈现这种相互缠绕、共同增强的状态时，使用机动车体制的不同角度作为组织框架来描绘中产阶级生活的不同方面。机动车体制有时是叙述的中心（见本书序言），有时退后一步，作为我叙述中产阶级的生活轨迹和一家汽车经销店内部冲突的背景（参见第三章和第四章）——诚然，中产阶级并不是机动车体制中最重要的行动主体。有一部分议题虽然也很重要，但我选择不去涉及，例如这个"轿车—中产阶级"框架中关于环境和性别的方面。[18]探索"轿车—中产阶级"间的联结，这种分析方式的优势不在于全面性，而在于阐明个人、事物、制度和观念之间错综复杂的关联，在变化的语境下揭示过去与现在、物质文化与个人努力之间复杂的动态关系。因此，这种分析提供了一种细致入微的描述，挑战了过去关于机动车体制或中国中产阶级的片面（甚至是"刻板的"）叙述。在此过程中，它为了解中国转型的复杂性提供了一个关键视角。

首先，机动车体制的兴起常常被誉为市场力量和全球化的典范。然而，这既是中国融入汽车制造和消费全球化的过程，也是完善社会治理的过程。汽车工业一直是国家发展议程（参见本书序言）的一部分。在20世纪90年代前，政府通过国家工业计划、定价和官方分销渠道控制汽车生产和分销。随着20

世纪80年代中期市场机制和外国资本被引入汽车生产行业，地方政府在推动当地经济发展方面有了更多的自由。正如戴慧思（2000a）所说的那样，"消费者革命"已如火如荼，然而，私家车所有权的合法化仍有待通过有政府支持的公开辩论来确立。

此外，传统上"改革开放"被理解为放松管制和让市场成为分配机制，但经历过这一过程的人，例如从我做田野调查时所见的汽车经销店店主、经理和汽车修理工的经验和角度来看，这一宏大叙事跟他们的经历则不完全吻合（参见本书序言、第三章和第四章）。对许多人来说，20世纪90年代末至21世纪初之间是一段"自由"的"野生"期，当地政府抱着实验性的态度为他们的创业提供了利基空间（参见第三章）。但这个"自由"时期也以过渡体制为标志，在这种体制下，政府仍然有很大的"配置权"（Verdery 1991），通过国民经济计划和限制性对外贸易来控制轿车的流通。然而，进入21世纪后的20年里，所谓"更自由"的时代，对于汽车经销店的店主及管理层而言，他们的企业盈利空间一直在缩水。国家试图通过大型汽车制造商和公司来控制市场秩序，汽车经销店越来越多地受制于大型车企。

凡是资本在轿车需求不断增长的情况下寻求利润时，无论是面对国外资本还是国内资本，中央政府都不断地调整对它的控制方式以实施调控。正如两次世界大战之间的德国（Koshar 2004）和苏联（Siegelbaum 2008）一样，轿车市场在国家的支持下蓬勃发展，在中国构建改革开放体系的过程中担任主力。

其次，中国中产阶级的崛起往往被视为改革的结果，在改革中，一系列政策孕育出新的职业结构，并带来了财产私有化。前文曾简略提及的"新职业结构"确实为拥有社会和文化资本的人提供了结构性的机会，而财产私有化扩大并强化了劳动力市场的这种模式。政府关于社会分层和社会稳定的议题使"中产阶级"的标签合法化，这个术语在20世纪70年代末以前曾被认为在政治上是不可靠的。

然而，正如我用汽车经销店店主和经理们的人生轨迹（参见第三章）展示的那样，对在20世纪60年代末至90年代初步入成年的人来说，社会主义福利体系和工作分配体系在他们实现向上的社会流动时起到了关键作用。而到了20世纪70年代末至90年代初，这些体系还在继续发挥效力，为人们提供了一种相对的平等，并让人们的在校教育成本保持在较低的水平。此外它们还塑造了人们的职场人脉、技能和其他资源，使人们能够积累社会、经济和文化资本，以充分利用国家对于流动性的结构性开放。

在同一家经销店，店主和经理们的人生道路与出生于20世纪80年代末至90年代初的年轻销售人员及汽车修理工形成鲜明对比（参见第四章）。随着社会差距的扩大、社会福利的取消以及高等教育扩招等趋势，年轻一代要想在新时代实现与前辈同等程度的流动，面临着更多的困难。由于中产阶级对自己和孩子的社会地位忧心忡忡，他们在工作场所的日常做法和对孩子的投资导致社会等级界限僵化，也让他们对阶层差异有所认识。

再次，中产阶级的购买力推动了轿车市场，这炙手可热的轿车市场似乎再次印证了国际媒体中流传着关于中国中产阶级的刻板印象（例如，Elegant 2007）。在他们的刻板印象中，中国的中产阶级有着永不满足的消费欲望，渴望追求西方生活方式。（Chen J. 2013; Tsang 2014）现有文献倾向于强调中产阶级在个人层面的核心价值观是自我发展和自治，这些价值观与政府的治理战略相呼应（例如，Ren 2013；Zhang和Ong 2008）。中产者因为工作往往跟政府有着千丝万缕的关系，不愿意积极参与政治活动，有着某种政治冷感（Chen J. 2013）。这种对中产政治参与的着墨受西方社会研究某一特定传统的影响。这特定学术传统是建立在国家与社会的二元对立之上，而中产阶级往往被视为市民社会的代表和现代民主的支柱，相对国家，具有独立性。但这种前提假设对中国社会并不适用。如果说中产阶级有任何作为集合共同体的意识，这种意识并非建立在相对于国家的独立性之上。

中国的中产阶级并不是唯一可以用来挑战传统观念的例子。传统观念认为，中产阶级是公民社会和现代民主的支柱。布莱恩·欧文斯比（Brian Owensby 1999）关于20世纪中叶巴西中产阶级的研究提供了另一个很好的例子。欧文斯比认为，"中产阶级的结构性地位固然不可否认，但还有很多原因让我们相信，不能简单地把中产阶级等同于民主力量，或是社团主义代表，也不是

单纯的自由派还是保守派"（242）。国家的权威与合法性往往
是在普通公民就普通事务与政府官员打交道的过程中或者日常生
活的一些琐事里得以巩固再生（例如Berdahl 1999；Gupta 2012；
Navaro-Yashin 2002；Siu 1989）。

与前人研究相一致，我用民族志的方法探索了中产阶级崛
起和机动车体制间交织复杂的关系，展示了中产阶级与社会环境
的各种间接互动。个人、社会群体之间利益和立场上的冲突，会
影响社会关系结构。第一章介绍的非直接的互动形式，着眼于
中产阶级专业人士如何寻求并建立信任、如何与朋友一起开车出
去玩。多代同堂家庭的日常实践与轿车之间的动态关系当中也存
在着互动（参见第二章）。互动还发生在汽车经销店的经理们与
推销员、汽车修理工之流划定界限并证明界限的合理性时（参
见第四章）。中产阶级在谈话中对牌照拍卖发表评论（参见第五
章），而在谈判协商中，中产阶级房主试图捍卫他们在所居住的
建筑物内拥有停车位的权利（参见第六章）。

在这些具有显著社会性的、平凡平淡的遭遇和表达中，中产
阶级重新利用关于消费、"素质"、"和谐社会"和传统家庭价
值观的社会话语，来协调他们生活中由开车促进，也受开车限制
的各种社会关系。他们作为孝顺的孩子开车带父母兜风，也作为
负责任的父母开车带孩子前往各处。他们对家庭价值观的承诺与
国家倡导的价值观产生共鸣。

在大多数情况下，中产阶级对这些元素进行二次利用来解决

他们生活中的问题，开拓他们在社会中的空间，并试图以此来理解他们新获得的身份认同。然而，随着时间的推移，中产阶级所作的决定、他们的看法和实践会汇聚成一条条轨迹和多种模式。他们的参与为各种国家项目和战略提供了社会条件，让这些项目和战略得以延续，而这些项目和战略重塑了改革开放时期的制度安排、社会分层和治理逻辑。

总而言之，通过揭示轿车与中产阶级相互缠绕的关系，可以说明新的社会阶层有着怎样的面貌，并对传统上的"改革开放"作一细致入微的描述。中产阶级一直把20世纪70年代末以前的历史作为参考来了解他们现在所处的位置，并且他们通常无意识地从中寻找符号来规划他们的表现和实践，以应对迅速成形的崭新的物质世界。本书不仅仅与新兴的中产阶级和机动车体制相关；它也在讲述一个关于国家、社会和个人之间的复杂性、连续性的故事。

从公务用品到消费品

　　21世纪的前20年见证了中国私家车拥有量的惊人增长。然而，在此之前，20世纪有长达一半的时间，中国官方并没有开放普通公民的轿车使用权。对私家车的严格控制不仅使中国有别于美国等资本主义社会，而且使中国与苏联、德意志民主共和国等社会主义国家也形成了鲜明对比。

　　这篇序言的重点是讲述轿车如何从官员的公务用品转变为消费品，目标是为后续章节中讨论的问题提供关键语境。为此，我将从国家和地方层面概述自20世纪70年代末到21世纪第一个10年里轿车生产和消费的范式转变。我没有给出综合全面的宏观考察，而是关注转型过程中的模棱两可之处。塑造这场转型的核心问题是国家和地方政府为什么需要汽车产业，想要什么样的汽车，汽车将为谁服务。如果不了解转型的漫长过程，就很难理解当民众期待已久的汽车使用权终于获得批准时，对普通公民来说，从20世纪90年代前的汽车通行受限如何让位于真正意义上的个人出行自由。

汽车工业：从卡车到汽车

20世纪初，汽车被引入中国大陆，同时出现的还有关于建立汽车工业的倡议。1901年，一位匈牙利人经香港将两辆美国产的奥兹莫比尔牌汽车带到上海（Zhang Ji, 1994）。广州和上海等城市的市政府则在20世纪初完全接受了利用汽车实现城市经济现代化的愿景（Zhang Ju. 2015, 2017）。在接下来的几十年里，汽车在中国的各大城市迅速变得随处可见。小轿车、公交车和人力车同时穿梭在街头巷尾。出租车公司在当地报纸上登广告，二手车交易广告也在这些报纸上占据一席之地。[1]汽车修理厂和汽车零部件工厂纷纷成立。1931年，中国东北地区建立了一家生产重型卡车的工厂（Chen H. 1949）。1936年，中国汽车制造公司在南京成立，到1937年时，该公司在上海组装起了第一辆公共汽车——使用的是进口零部件，而且以植物油驱动（Xu 2007）。[2]然而，这些通过汽车实现现代化的愿景和努力被20世纪30年代末至40年代之间连绵不休的战争打断了。中国如果没有这些早期的努力和高瞻远瞩，1949年后不可能在汽车工业领域实现新的建树，但当代社会对20世纪初汽车工业和消费发展的重要性并没有给予足够的重视。

中国共产党的几位领袖和在其领导下的政府都将汽车视为现代技术进步的象征，将汽车制造能力视为国家工业实力的指标。因此，建立汽车工业对于国家实现农业、工业、科学、文化和军事现代化不仅具有实际意义，而且具有象征意义。在这方面，20世纪70年代末以前中国与苏联等社会主义国家有相似之处（Siegelbaum 2008, 2011）。

1953年被视为中国汽车工业的一个历史性时刻。[3]当年7月15日，第一汽车厂（简称"一汽"）在长春开工建设（Li Y. 2003b）。此外成立了其他几家汽车制造厂，试水重型汽车和乘用车的生产。东风、红旗是乘用车的品牌。

几乎与此同时，高速公路的建设、城市郊区化和中产阶级消费者的出现，使美国和欧洲变成了车轮上的国家。[4]而在中国，出租车公司被迫关闭。在上海、北京和广州等大城市，1949年后私家车的数量急剧下降。

然而，更重要的是，尽管有美好愿景，但汽车的大规模生产从未在中国实现，因为汽车工业不仅对技术、工程师和熟练工人提出了很高的要求，而且要有足质足量的资本、原材料和能源。而这些是新中国所负担不起的资源。最终，汽车工业在20世纪60年代中期至70年代中期直接陷入停滞。随着经济增长，中央政府重新关注汽车工业。从第七个五年计划（1986—1990年）开始，1994年和2004年，中央政府相继出台多项重要政策，将汽车工业定为支柱产业，为国民经济提供动力。[5]而且在20世纪80年代和90年代的大部分时间里小心翼翼地调控、部署了该计划，选择特定工厂作为生产基地，[6]控制汽车生产所需的原材料供应，还针对需要汽车制造商的数目及其规模给出了详细的政府指导方针。[7]

　　该发展计划最初侧重于为农业、不同种类的工业和军队服务的重型车辆。[8]但政府内部也有另一群人在考虑有无可能将重心放在生产乘用车而不是卡车。[9]这一想法在三个汽车合资企业的建立中得到了检验：1984年成立的北京吉普公司（与美国吉普公司合资）、1985年成立的上海大众汽车有限公司（与德国大众汽车公司合资）和1985年成立的广州标致汽车公司（与法国标致公司合资）。[10]这三家合资企业都专注于乘用车和其他非重型汽车的生产制造。最终在1991年，政府在上海召开的全国汽车工业会议上正式宣布，汽车生产应更多地侧重于乘用车而不是重型卡车。乘用车生产应声出现三次飞跃，反映了这些政府决策的重要性（参见表1、图2中突出显示的数字）。

表1 乘用车产量（1978—2012年）

（单位：辆）

年份	乘用车产量	年份	乘用车产量
1978	2,640	1986	12,297
1979	4,152	1987	20,865
1980	5,418	1988	36,798
1981	3,428	1989	28,820
1982	4,030	1990	42,409
1983	6,046	1991	81,055
1984	6,010	1992	162,725
1985	5,207	1993	229,697

续表

年份	乘用车产量	年份	乘用车产量
1994	250,333	2004	2,312,561
1995	325,461	2005	2,767,722
1996	391,099	2006	3,869,494
1997	487,695	2007	4,797,688
1998	507,103	2008	5,037,334
1999	566,105	2009	7,471,194
2000	608,445	2010	9,575,890
2001	**703,525**	2011	10,137,517
2002	**1,092,762**	2012	10,767,380
2003	2,037,865		

注：粗体数字表明政策变化后汽车产量立即大幅增加。

资料来源：《中国汽车工业年鉴（2013）》。

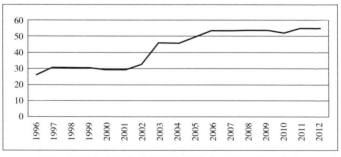

图2　乘用车占汽车总量的百分比（1996—2012年）

资料来源：《中国汽车工业年鉴（2013）》。

然而，生产重点从重型汽车到乘用车的逐渐转移，并没有改变政府的态度——即汽车生产应该为国家和经济的整体利益服务，而不是满足个人对私家车的需求。一位观察家表示，"直到1993年，中国汽车销售总额的96%都流向了政府部门或国有企业"。（*Economist* 1997）

在1993年至1995年间，曾有过关于是否鼓励私家车消费的激烈辩论，90年代中期，人们的态度开始转变并渐趋明朗。这场争辩最初起于大学之间辩论比赛的主题。很快，著名学者和作家——包括社会学家郑也夫、经济学家茅于轼和儿童读物作家郑渊洁——都加入辩论。[11]辩论双方一致认为，汽车工业在为国民经济提供就业和创收方面至关重要。赞成拥有私家车的人士指出，乘用车可以带来公共交通无法提供的便利。例如，私家车可以让人们更轻松地购物，将大量商品买回家或者去海边旅行。更重要的是，一些人认为私人消费体现了平等的原则，因为拥有私家车的人将不再仅限于富人和权贵。而反对拥有私家车的人则认为，有限的经济资源无法支持人们对私家车的普遍需求。此外，由于道路通行能力有限，私家车消费会破坏环境，造成交通拥堵。

此次辩论在《光明日报》《科技日报》和《中国青年报》等主要官方报纸上进行，这表明，政府至少对这种可能性持开放态度。

正如我稍后将阐述的那样，个人对轿车所有权的渴望正在面临一个突破口。然而，政府对普及轿车的态度仍然犹豫不决。
直到2000年，"鼓励轿车进入家庭"的路线才正式写入国家第十
个五年计划。也就是说，到2002年，"大部分轿车仍然销往由机
构统一调度的车队，例如出租车公司和政府的麾下"（*Economist*
2003；另参见Goldman Sachs 2003，13）。

　　在关于私家车消费的辩论进行的同时，中国于1995年开始
谈判加入世界贸易组织。从美国及其他汽车工业强国政府的角
度来看，谈判耗时数年，主要是因为中国政府的保护主义。中方
表达的担忧真实有据。一方面，中国国内汽车行业一直存在资金
匮乏、技术落后、管理低效的问题，长期依赖限制外资、进口配
额、关税等保护性措施（参见表2）。如果市场向世界开放，将
面临来自国外大型汽车公司的严峻挑战。这种焦虑可以在官方报
纸上看到，相关文章搭配着诸如"狼来了"和"与狼共舞"等标
题。这些文章提醒读者，中国的汽车业将难以在与大众汽车、丰
田汽车和通用汽车等汽车巨头的竞争中生存。而普通人面对的则
是另一种担忧。作为改革开放的一部分，大量国有企业倒闭。
被承诺"铁饭碗"的工人被意外裁员，很难找到其他任何工作
（Hsu 2007; Lee C. K. 2007）。汽车厂破产的可能性，给数以万计
在汽车相关国企工作的人的生活蒙上了阴影。

表2　中国加入世界贸易组织（WTO）前后的整车关税
（以石油发动机排放量划分）

年份	关税（%）	
	小于等于3升	大于3升
1986	180.0	180.0
1994	110.0	220.0
1996	100.0	120.0
1997	80.0	100.0
2000	63.5	77.5
2001	51.9	61.7
2002	43.8	50.7
2003	38.2	43.0
2004	34.2	37.6
2005	30.0	30.0
2006	28.0	28.0
2006/7/1	25.0	25.0

注：在1997年之前，石油发动机的关税划分标准是3升，而柴油发动机的关税划分标准是2.5升，但每个类别的关税是相同的。2005年进口配额也被取消（Noble 2006）。

尽管如此，中国决心成为世界贸易组织的一员。对于中国政府而言，这一举措通常被称为"市场换技术"战略下的重要一步。加入世界贸易组织为机动车体制带来了戏剧性的转变。2002
年和2003年，汽车年销量立即分别增长了62%和75%（Goldman
Sachs 2003），中国媒体将其描述为"井喷"（参见图3）。与20
世纪80年代中期和90年代中期由两三个合资企业主导汽车市场不
同，现在几乎所有主要汽车制造商都在中国找到了他们的合作伙
伴，并开始在中国以自有品牌生产汽车。新车持续出厂，价格随
之下跌。到2010年，中国的汽车产量已经超过美国。中国加入世
界贸易组织10年后，2011年的《中国汽车工业年鉴》写道："中
国开始步入汽车社会。"

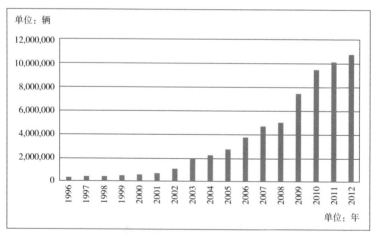

图3　1996—2012年乘用车销量

资料来源：《中国汽车工业年鉴（2013）》。

地方的发展：广州市机动车体制社会的新兴景观

广州位于珠江三角洲的中心地带，几个世纪以来一直是华南地区的政治中心和交通枢纽。作为中国最富裕的城市之一，广州有超过1000万人在那里生活和工作。汽车工业是其主要产业之一，刺激了当地经济增长并确保了该市在区域和国家的中心地位。[12]

这座城市拥有汽车工业的雄心可以追溯到20世纪初，当时它在政治和基础设施方面经历了重大变革（Zhang Ju. 2015，2017）。但直到1985年，广州才有了第一家组装汽车的工厂——广州标致汽车公司（Guangzhou-Peugeot），比上海大众晚了六个月，比北京吉普晚了两年。[13] 1986年夏末，广州标致开始有汽车出厂，其乘用车年产量在1500至2500辆之间，1995年产量超过了6000辆。[14]直到20世纪90年代中期，中国大部分的国产乘用车都由广州标致和上海大众供应。

然而，到90年代，上海大众已经占据50%以上的市场份额，法国标致决定退出合资企业，广州标致在90年代中期结束经营。广州标致失败的原因很复杂。一些报道指责中方缺乏适当的管理和创业技能，并认为法方管理人员自私自利、剥削人力。后者引入中国的经营模式在法国早已过时。（Hao 2004；Lei 1998，Li和Huang 2004；Wang W. 1998；Wang X. 2005）

另一个主要原因与零件供应有关（以上海大众的桑塔纳为

例，备件进口对汽车价格的影响见表3）。当年一位业内人士在
受访时就零件问题向我发表了看法。[15]首先，广州标致的某些关
键零件必须依赖进口，例如发动机，因为当地供应商既没有技
术也没有能力生产它。广州标致存续期间，汽车零部件的关税从
50%到80%不等，导致进口零部件变得非常昂贵（另见Zhang B.

表3   1991—1999年上海大众桑塔纳的价格

关税调整时间	桑塔纳（标准）价格（元／美元）
1991/1	215,000/53,750
1992/12	193,500/48,375
1993/12	185,000/46,250
1994	174,500/43,625
1995/3	168,000/20,000
1995/7	160,000/19,048
1996/4	158,000/18,810
1997/1	143,000/17,024
1998	114,000/13,571
1999	113,000/13,452

注：1985年至1996年，零部件关税在50%至80%之间，然后在1997年调整为
35%至60%。在合资企业的早期，乘用车生产严重依赖进口零部件。因此，合资
企业组装乘用车的价格是根据进口零部件的价格确定的。（谢伟、徐彦武1998）
虽然这里举的例子是上海大众的桑塔纳，但广州标致也有同样的问题。

资料来源：武康平、费淳璐，2002年。

1998）。其次，本地生产的零部件质量差，导致过热等诸多问题。[16]但由于合资企业的本土化要求，广州标致必须在一定比例上使用本地生产的零部件。[17]第三个原因是腐败：广州标致的管理者们收受了某些供应商的贿赂。虽然他们个人变得富有，但公司为本地生产的零件"付出了远超必要的费用"。

人民币的突然贬值加剧了这些问题。1993年至1994年，国家将1美元的名义汇率由5.80元调整为8.75元，进口零部件的汽车成本突然上涨。正如所有汽车年鉴和学术文章都有提到却不作解释的那样，广州标致直到1993年都运行得不错，但在1994年猝不及防地出现赤字。此外，那位业内人士还提到，中法两国的外交关系自20世纪80年代后期以来一直恶化（另参见姚斌华、韩建清2008）。昂贵的零件、过时的型号和不稳定的生产质量最终造出了二流但昂贵的标致汽车。这些汽车的运作效率低下，且维护成本高。

20世纪90年代中期，广州政府试图挽救这家公司，要求所有国有出租车公司购买标致汽车，但许多出租车司机不愿意驾驶这些价格昂贵、维护成本高的汽车。最终标致于1996年离开中国。对广州的一些老居民来说，新千年标致重返中国市场时，他们对标致汽车的印象仍然是负面的（参见第三章）。

同年，新的合资企业"广州本田"成立。[18]日本公司本田利用广州标致留下的设施修造了装配线。在最初的几年里，它只生产了一款车型，即本田雅阁。据官方报道，广州本田的汽车年产量达到3万辆，并在运营的第二年开始扭亏为盈。[19]雅阁在20世纪90年代后期广受消费者欢迎。即使在21世纪头几年中国加入世界贸易组织后汽车价格开始大幅下降时，雅阁系列也是少数几款售价高昂的国产汽车之一。广州本田被描述为"改写广州汽车生产历史的公司"，而广州本田的成立通常被认为是广州汽车工业的真正开端。（姚斌华、韩建清2008）

21世纪的头10年，广州标致对许多当地居民来说是一段业已被遗忘的过去。凭借多年与国外合作伙伴的合作经验和技术的进步，广州汽车制造厂也转型为综合型企业——广汽集团，生产自主品牌汽车。继本田公司的成功之后，其他主要的日本汽车制造商也来到了广州。丰田、日产、三菱——所有这些外企都与中国汽车制造商合作——而且它们的供应商在21世纪的头10年与本田一起形成了一个日系产业集群。在中国，没有其他任何一个城市拥有像广州这样多的日本汽车制造商。对许多本地车主，尤其是在城市长大的车主来说，他们在与日本汽车制造商合资的企业出现之前，便早已对日本品牌有所了解。20世纪70年代末到90年代初，许多港台商人在中国内地成立的合资企业都进口日本汽车作为公司资产。挂着雷克萨斯、皇冠、凯美瑞标志的最新款高性能汽车与标致和大众的老款车型并列行驶在珠三角地区的道路上。几乎没有当地人会简单地认为欧洲车优于日本车。

对那些更喜欢欧洲品牌的人来说，他们认为欧洲汽车比日本汽车更坚固、更安全。而对那些青睐日本品牌的人来说，日本车比欧洲车更省油，维护成本更低。

私家车的蓬勃发展极大地改变了广州的面貌。追溯到20世纪初，汽车在那时便已经重塑了城市的形态。为了加快交通流动，促进商业发展，政府在城墙遗迹上修建了供汽车通行的街道，拆除旧民居，为行车道腾出空间（Zhang Ju.2015, 2017）。1933年，珠江历史上第一座桥梁建成，克服了空间延伸的天然障碍，使大众运输成为可能。

与20世纪初相比，20世纪70年代末以前，道路基础设施建设方面相对低效。自行车是日常通勤的主要方式（Gerth 2010; Notar 2015）。但汽车时代的到来再次改造了城市景观（Zhang Ju，2016）。城市规划者最喜欢的新型装饰物通常是包含10多条车道的宽敞大道。街道的开发也在向上移动，即垂直移动。多层高架通道、城内高速公路和城际高速公路占领了城市的上层空间，其中机动车体制是一个缩影。

结　　论

汽车产供结构转型是改革开放时期中国政治经济转型的重要组成部分。它体现了改革实践中的不确定性、模糊性和矛盾性。

中国加入世界贸易组织实际上加强了中央政府对区域经济

的管理。不断变化的经济实践和个人欲望不仅被经济关系和合法性所塑造，也作为一种重要的力量，反过来重塑经济关系和合法性。所有这些都不是计划的结果，而是愿景、谈判和突发事件之间长期互动的产物。

汽车与政策之间这种联系并不只表现在中国社会。汽车工业作为工业成就的有力象征，对苏联等国家至关重要（Siegelbaum 2008, 2011），但即使在美国这样的社会，汽车工业也不仅仅是制造汽车的一些工厂。2008年，美国政府拒绝救助破产的雷曼兄弟，引发全球金融危机。然而，同一个政府却向美国"三大"汽车制造商——福特、通用汽车和克莱斯勒提供了救助。与此同时，德国和韩国等政府也向本国汽车制造商提供类似或其他形式的财政支持，以挽救本国经济。

尽管如此，汽车工业的意义仍可能因国家而异。在美国，汽车工业长期以来与工会和工会的历史交织在一起（Dudley 1994），家庭用车的普及是国家精心策划的战后重建项目，是郊区化和种族政治的产物和推动力（Heiman 2015; Jackson 1985）。尽管战后政府的许多政策和项目——例如州际公路系统的建设——促进了私家车消费的增长，但在大众流行话语和日常话语中，汽车和汽车工业都与国家没有特别的关系。

相比之下，对很多中国人来说，汽车工业已经关系到国家的发展和自豪感。20世纪90年代前，汽车本身长期以来一直与政府和公务职能联系在一起，国家对汽车生产和分销的严格控制——

导致汽车在20世纪90年代到21世纪初被视为暴发户的象征。直到21世纪的头10年，汽车才普遍被视为中产阶级的消费项目。乘用车曾经象征着公务职能，这一点影响流传至今，在当下关于汽车和开车的流行观念与品位中仍然清晰可辨，本书将在接下来的章节中对此进行探讨。

第一章

各开各车　结伴而行

社会性、社会凝聚和社会地位

我在美国东部生活了将近10年。我骑自行车去学校，去办公室，去健身房，去办事和买东西。偶尔我的朋友和同事会让我搭他们的便车，但多数时候我都是步行。我使用公共交通工具去附近的城市拜访朋友或者进行其他目的的旅行。我把以上这些告诉了我在中国的中产阶级受访者邵敬，一位年轻的工程师。有次午饭见面后他用车载我回家，听完我的发言便开玩笑似的问我："你到底是生活在世界的哪个地方？"在21世纪头10年，我的中产阶级访谈对象们大多数已经是私家车车主。开车正成为他们的日常生活体验：他们开车上班，开车去健身，开车去见城里或跨城的客户，开车去城郊吃饭，开车去附近的城市找乐子，也在周末或假日开车去旅游。

在美国，轿车是日常出行不可或缺的一部分。人们倾向于将拥有并驾驶轿车视作自由、自主和流动性的物质表现。这种认知很大程度上是意识形态化的。这不仅仅是因为有关轿车的修辞——解放、个性化、复兴和平等——是二战后美国"成为自由美国人"的政治意识形态和公司资本主义的产物（seiler 2008），还因为人们凭借轿车所能获得的自由，其种类和程度深受现存的社会不平等的影响，而拥有和驾驶轿车所带来的流动性也被美国社会的种族、阶级和其他权力关系所影响（Lutz 2014；Lutz and Fernandez 2010; Packer 2008）。

然而，开车作为自主和自由的具体表现形式这一观念如此深入人心，以至于人们仍将拥有一辆车作为对抗不平等现状的一种手段。女性司机就是一个典型例子。职业女性和家庭主妇们开车送孩子去参加各种课外活动，也开车去购物。轿车使她们能够兼顾工作和家庭中的种种任务，却并未改变她们在性别化分工中的角色（Heiman 2015; Lutz 2014）。尽管她们经常被束缚在因为轿车而形成的特定生活节奏中，轿车对她们来说仍是摆脱时空束缚、获得自由的重要工具（Jain 2002）。这种矛盾体验在吉尔罗伊对非裔美国人拥有轿车意愿的研究中得到了完美阐释。

与吉尔罗伊描述的非裔美国人一样，20世纪90年代前，普通中国公民没有拥有轿车的权利。随着中国在21世纪初成为世界贸易组织成员，很多中产阶级家庭在短时间内都拥有了私家车。全球汽车制造商和广告公司在推销汽车时，都在以极力强调技术、自由、自主和社会地位的全新生活方式来销售轿车。在这一背景下，也就可以理解为什么像邵敬这样的中产阶级会问我："你到底是生活在世界的哪个地方？"

话虽如此，中产阶级在购买轿车方面似乎并不会做出——

借用吉尔罗伊的话来说——"不成比例的投资"。当中国中产阶级们知道在美国，即使住在收容所里的人也可能拥有一辆私家车（Rowe 1999），甚至在经济最萧条的年代，买车仍然是很多人（包括失业者在内）的优先选择时（Gudis 2010, 372），他们相当迷惑不解。

因此，对轿车、自主性和流动性的叙述话语到底在多大程度上塑造了中国中产阶级对轿车的想象和实践？本章试图通过研究中产阶级在日常生活中如何使用和谈论他们的轿车，以及他们在特殊场合——有组织的或半组织的自驾游或迎亲车队中——如何开车，来呈现这些想象和实践之间的细微差别。我的研究发现，中产阶级专业人士倾向于用实用的术语来描述轿车在他们日常生活中的意义。例如，最明显的是，他们使用"方便"而不是"自由"这个词。正如他们所描述的，轿车对他们生活的意义是高度社会化的。

本文并不是要暗示一种刻板印象，即中国的中产阶级们痴迷于地位，热衷于成为集体的一部分，或者他们缺乏个性和自主性。事实上，中国城市中产阶级们使用和谈论轿车的方式体现了相当程度的自我意识，而且他们在描述时采用的是第一人称代词（例如，我的生活、我的工作、我的朋友、我自己）。当我问他们有车是否让他们感到更自由、有更强的流动性时，他们的回答通常是肯定的。

尽管如此，本章将首先展开说明轿车和驾驶是如何成为中产阶级社会性新的组成部分；其次，在很多人眼中，某些轿车和驾驶实践会带来"实用"价值和声望，但这种观点，并不仅仅是因为轿车价格不菲、开车养车花费巨大。我将中国中产阶级拥有轿车、驾驶轿车的叙述和实践置于过去数十年社会转型的背景下，来展现过去与现在、社会与个人之间的复杂互动。我认为，中产阶级在处理工作和亲密社交圈时，时空格局一直在发生改变，中产阶级理解轿车的具体方式不但被种种不断变化的时空格局所塑造，也反过来塑造着时空格局。此外，特定的公共文化实践也能帮助我们从对特定轿车或特定行车方式的偏好中理解中产阶级社会性中包含的美学和空间性。

日常生活中的便利：可靠度与社会性

"幸福是一辆新车的味道，那是免于恐惧的自由。它是路边的广告牌，呐喊着保证你可以为所欲为。"唐·德雷柏（Don Draper）说。他是流行电视剧《广告狂人》（*Mad Men*）中才华横溢且自负的男主角。这部剧描述了20世纪60年代美国的广告工业。唐·德雷柏对轿车和道路味道的浪漫化描述也是汽车制造商试图向21世纪的中国顾客们推销的东西。然而，我的中产阶级受访者们往往对唐·德雷柏这句话嗤之以鼻：诸如"可以为所欲为"和"免于恐惧的自由"这样的表达太理想化，而至于"新车的味道"，他们中的几个人开玩笑说："那只是因为轿车内饰中的甲醛超标。"[1]当我问他们是否认为轿车会带来自由，他们都回答"是"。但如果让他们描述轿车对他们而言意味着什么，他们会告诉我，他们买车或想要拥有一辆轿车是为了实用。他们最常用来描述轿车的词是"方便"。[2]

对一些中国观察家来说，把"方便"作为买车的理由之一听起来颇为矛盾。毕竟，交通拥堵一直是中国的主要城市普遍存在的严重问题（Zhang Ju. 2016）。例如，在广州及其周边地区，公共交通体系的快速建设使得地铁在准时性和时间成本效率方面比轿车更为可靠。

许多中产司机都知道，"开车赶路更及时"不过是一种天真的幻想。虽然律师和企业家们定期开车上班和社交，但许多专业人士，如医生、工程师和公司经理，都告诉我他们经常坐地铁、打车或坐公交车去上班或者见朋友。事实上，我的一些访谈对象承认，在他们渴望成为车主的时候，曾经幻想过开车的乐趣，但一旦真正成为车主，就发现开车实际上是一种令人疲惫的劳动，尤其是当他们完成一整天的工作后被堵在路上时。他们只在和家人一起外出或和朋友出去玩时才会开车，这种开车模式尤其受那些工作和生活都在市中心或周边的人所钟爱——对于那些居住在郊区而在市中心附近工作的人而言，则反之亦然。

然而，忽视受访者们在谈论他们的轿车和驾驶体验时经常提到的种种"方便"也是不明智的。正如伊丽莎白·肖夫（Elizabeth Shove）关于日常性常态和技术的文章所指出的："与方便相关的消费并不是简单地节省或转移时间，而是对与完成特定社会实践相关的时间需求进行重新设计和协商。"（2012，300）对于她的观点，我想补充的是，中国中产阶级驾驶实践中的"方便"不仅仅是管理时间相关的需求。在本章中，我将会讲述4个与中产阶级和轿车相关的故事，这些故事说明了我的大多数访谈对象思考和谈论"轿车"与"方便"的方式。我把他们的故事置于不断变化的社会生活的语境，即"时间—空间管理"和"工作—休闲关系"中来阐释"方便"的意义。

2007年，董梅20多岁，是一名大学讲师。她和丈夫自研究生毕业起便都是广州一所大学的教职员工。他们住在大学附近的一间补贴住房里。在我们的一次谈话中，董梅表达了她对于拥有一辆轿车的愿望：

> 天太热了，人很容易出汗。公共交通要花很长时间。有时我朋友叫我一起吃晚饭或者打羽毛球，我根本不想费尽周折赶过去。你知道我们住学校附近，去公交站或者找辆出租车都要走很远。如果有车，情况就不同了。我们好多朋友都有车了，他们出去就很方便。他们很乐意载我们一程，但我也不想一直麻烦他们。如果我们有辆自己的车就方便多了。

董梅的话和另一位受访者秦律师的说法不谋而合，他在2008年向我描述了他作为车主的经历：

　　我跟我老婆买车之后，无论朋友什么时候叫我们去打牌或者唱K，我们都能立刻开车去。我们经常晚上9点、10点出门，然后半夜回家。在买车前，我们很少那么晚出门，毕竟那么晚要想打车很不容易。但自从我们有了车，晚上去见朋友就方便多了。

　　秦律师的妻子也是律师，但两人在不同的律师事务所工作。我第一次见到他们二人是在与陆律师夫妇一起吃晚饭的时候。陆律师和秦律师是同一所大学的校友，一起来南方发展事业，而且都在2005年前后结婚。他们妻子的生活轨迹也很类似。陆律师的妻子和秦律师的妻子成了很好的朋友。他们住在不同的城市，但彼此只相距30分钟车程。当我2011年和陆律师夫妇一起见到秦律师时，秦律师已经30多岁，刚有了女儿。秦律师夫妇在有了孩子后就不再晚上开车去找朋友和同事玩耍。他们开始花更多的时间和像陆律师夫妇这样有孩子的朋友相聚，两家经常在周末白天开车相互拜访。

　　陆律师出生于60年代末，来自中国西北内陆的一个小镇，兄弟姐妹共4人，唯有他一人接受过高等教育。在远离家乡的一所不起眼的院校获得法学学位后，他于20世纪90年代末来到广东，进入一家区级法院工作，之后跳槽到一家当地的律师事务所，为珠江三角洲的工厂老板处理合同和法律纠纷。经过多年努力，他在21世纪第一个10年临近时成为律所合伙人。陆律师与妻子和父母住在一个封闭式小区的四居室里。小区的位置很好，能保证他的孩子进入附近一所声誉良好的小学读书。他的第一辆车是深蓝色的中型福特轿车。2010年，陆律师和妻子打算买第二辆车，我和他们一起去汽车经销店。我建议他买一辆沃尔沃S60，因为沃尔沃被评为最安全的汽车之一，在西方国家也被认为是低调的中产阶级汽车品牌。陆律师拒绝了我的提议："在中国没人知道那个牌子（指沃尔沃）。"当我们在一家奥迪经销店看车时，他向我解释道：

> 律师的能力越强，赚的钱越多。所谓的"能力"不一定是指他对法律有多了解，而是与他本人的社交技能有很大关系。他赢得的案件越多，他的收入就越多，他开的车也越好。一些客户会根据律师开什么车来选择他们的律师。这很蠢，但除此以外他们还能用什么方式判断你是不是一个好律师呢？房子并不是一个很好的评判标准，因为没有人知道你住在哪里，也不知道你的房子究竟是买的还是租的。但这些新贵工厂老板们了解轿车。轿车是他们判断你业务能力的最便捷的标准。

陆律师的话与同样来自内陆小城市的年轻律师小王的说法不谋而合。大学毕业后，小王在广州一家小型律师事务所工作，而他的父母仍住在北方老家。2007年我在他的办公室采访他时，

小王一开始就说："轿车对律师来说是生产工具，因为它让我们
与客户见面变得容易。""生产工具"这个词让我印象深刻，
因为它让我想起了中国高中课本中的马克思主义术语。我试图
用我自己的方式来解释这个词："你的意思是在交通方面更方便
吗？""不，"他纠正了我：

> 您开车去见客户，更好办事儿。客户看见律师是开车来
> 的，心里更踏实……西装管用吗？这年头您如果穿西装打领
> 带，人家还以为您卖保险呢。我以前有一回这么穿，就被当
> 成卖保险的了。但如果您有车，就不会有人把您看错。

小王接受我采访的时候，还是一个从业不到两年的助理律
师。现在像小王这样给小型律师事务所打工的人，尤其是助理律
师，他们的工作体验与在大律所上班的人截然不同。大型律师事
务所通常采用内部分工明确、等级森严的公司制。大律所的招
牌本身，很大程度上就能为旗下律师们的能力背书，也格外能受
到客户青睐。不过，法律服务市场上，占据主要份额的是小型律
所。它们采用相对松弛扁平的管理体系，聘用合同工，并从向客
户收取的律师费中抽成来支付办公室运营成本、水电网费、秘书
费和其他一般管理费等。律所内可以自主接单而不只是被别人派
活干的律师，被称作"独立执业"律师。他们有时亲自处理案
件，也常雇佣助理律师来做。一间小律所的收入厚薄就取决于自

家独立执业律师们招揽生意的本事大小。对这些律师来说，他们的个人声誉、人脉和法律知识对于确保客源和办理案件都非常关键。重要的是要向潜在客户证明他们的才干。

2007年，小王还没有自己的客户，只接办上司交给他的案件。而比小王资深的陆律师，供职于另一间小律所，已经跨过了小王的阶段，正沿着行业内惯例的路径一步步向上攀爬。2006年至2015年间，很多青年律师、中年律师在接受我采访时说了与小王和陆律师相似的话。他们强调，客户也好，其他同行也好，都会根据一个律师开的车来评估他的能力。车被作为律师实力和名声的一种象征，向别人展示车主有多么成功。因此，想要让别人对自己"信得过"，有一条捷径是买辆车证明自己"靠得住"。

在人们的观念中，车究竟给中产阶级带来了多大的便利呢？要理解这一点，我们需着眼于更宏大的背景——自20世纪90年代中后期以来，城市生活的面貌发生了转变，包括工作、娱乐、社交等方方面面。在讨论这种转变时，我的受访者们常会从老一辈的生活经历谈起，并以此为参照来衡量自己的生活。

对那些上了年纪的城市居民（尤其是受访者们的父辈）来说，工作单位是他们社交生活的节点（Bray 2005; Lu D. 2006; Tomba 2014）。那个年代，一个人的体面与他个人能力间的关系，不如与他所在工作单位的关系大。由于当时住房是工作单位提供的主要福利之一，所以大家住的地方往往被安排在上班地点附近，而同事往往也是邻居（Bray 2005; Lu D. 2006）。在当时，自行车是许多人的主要交通工具（另见Gerth，2010；Jankowiak，1993；Notar，2015），一定程度上正是因为城市居民通常不用长途跋涉去上班（Gaubatz, 1995）。而且，20世纪90年代前，人口流动受到严格限制——人们的日常生活中甚至不会接触到太多陌生人。

而对那些生于60年代末至80年代初的中产阶级职业精英们来说，他们的生活则经历了翻天覆地的变化。过去，工作单位制度是组织个人社会生活、政治生活的核心机制，但当这一代的城里人踏入社会时，这一制度要么开始崩溃，要么已然坍塌。除极个别的情况外，个人住房不再与工作单位挂钩，人们安家的选择越来越取决于房地产价格、交通条件、学区以及与父母家的距离，而不是工作地点。[3]人们的生活模式已经比上一个年代更加多样化。

休闲作为区别于工作和家庭空间的结构性空间在个人生活中兴起（Oakes 2020; Rolandsen 2011; Wang S. 1995; Yu 2014）。董梅和秦律师的故事就是佐证这些变化的例子。朋友——尤其是高中和大学同学——构成了当代中国城市中产阶级社交圈的重要组成部分。[4]他们既是处理生活和工作的人脉资源，也是休闲消遣时的伙伴。这些专业人士在工作场所或家庭之外有大量的时间是与朋友一起度过的。（这种社会性为我的滚雪球抽样研究提供了极大的便利。）他们与朋友一起外出用餐，周末打牌，参加体育活动，观光旅游或探索美食。有了轿车，物理距离就不再能限制他他们的选择。

中产阶级的日常生活——工作、家庭和休闲——比他们父母所习惯的"工作—家庭"通勤模式涉及的领域更广阔，故而他们需要以与父辈不同的方式来划分他们的时间。中产阶级社会性的新形式塑造了他们对时间空间管理的想象和实践，而轿车被视为一种实现这些想象与实践的便捷手段。

与此同时，与陌生人的邂逅和互动变得寻常。陆律师曾就此向我举例解释。他的父亲是一名小学教师，认识住在他家乡小镇上的大多数人。"那是一个熟人社会。大家互相都认识，不需要你去证明自己的价值。"对陆律师和小王来说，离开故乡无疑是一个向上流动的标志。但这也意味着他们搬到了一个由陌生人组成的社会，他们必须努力工作以建立声誉和社会网络。在专业人士之间，母校的招牌和校友网络往往能为个人打开几扇大门。一个人的毕业院校越有名，校友网络就越广。对陆律师和小王这样并非毕业于名校并且初来乍到这个城市的人来说，"必须要证明自己"的感觉尤为强烈。因此，在这种情况下，一辆车就被认为是证明一个人工作能力的便捷方式。在我的访谈中，与来自大城市和名校的专业人士相比，来自小城市和较不知名院校的专业人士和小企业家更清楚地表达了轿车与证明个人能力之间的联系。[5]

有趣的是，在这4个故事中，访谈对象在谈论有车的便利性时经常会提到他们社会生活中的其他人，既有陌生人也有熟人。

在我与受访者的另外一些访谈和对话中，与家人和朋友一起开车的经历尤其突出。事实上，在我的田野调查中，我经常都是乘坐访谈对象的车，和他们的朋友一起去城市的不同地方或附近的城镇寻找美食，去运动场或者周末出游。我的访谈对象很少谈及严格意义上的个人自由。现在，轿车已经便捷地融入并促进了这种中产阶级的日常社会性。

与朋友和熟人驾车出行

随着与朋友一起驾车出游在中产阶级的休闲生活中变得越来越普遍（另参见Notar 2012），一些集体形式的驾驶实践——有组织和半组织的自驾游车队或迎亲车队——也变得越来越多。

自驾游在中国中产阶级中变得越来越受欢迎，在周末或节假日、国内或国外的旅行中，他们越来越喜欢自驾出游。为个人定制的自驾游越来越多，同时，有组织和半组织的自驾游也在增加。有组织的自驾游通常由企业发起，如汽车制造商、经销商和体育俱乐部，他们组织自驾游来发展业务，并培养客户忠诚度。我为了田野调查而去实习的经销商"汽车之友（Auto-Fan）"就在21世纪初组织了一次自驾游。然而，根据我与该店的经理和几个参加过自驾游的员工的谈话，很难说自驾游在营销方面的效果如何。

然而，对参与者来说，集体驾驶的体验比旅途中的风景更生动、更令人印象深刻。那次自驾游后过了几年，"汽车之友"的销售经理卢经理向我讲述时仍然非常兴奋，他还展示了当时的照片："那次自驾游甚至有警车在前面为我们开路。15辆轿车跟在后面！这不是很棒吗？"

袁毅参加了一家汽车制造商通过其经销商组织的自驾游。袁毅在广告行业工作，他认为自己是一个有个性的人。袁毅在2003年买了他的第一辆车，是一辆奇瑞QQ。尽管这款车有"廉价"和"不安全"的名声，但它使袁毅跻身同学朋友中最早一批车主的行列。我在2007年见到他的时候，他30岁，那年他刚刚卖掉那辆QQ，买了一辆小巧的紧凑型两厢车，那款轿车是美国品牌，刚上市不久，目标群体是年轻消费者。袁毅喜欢和女朋友，也就是他后来的妻子一起开车旅行。他把他的旅行描述为冒险："你永远不知道有什么在等着你。"

2007年，袁毅收到经销商的邀请函，被告知他是几十名"幸运"车主之一，被邀请参加一个仅限会员的自驾游活动，目的地是隔壁广西壮族自治区的一个城市。这些"幸运"车主被允许带上朋友和家人一起上路，费用自负。汽车制造商和经销商负责计划路线、住宿、吃饭的地方和其他后勤事宜。组织者面临的挑战是如何让所有这些轿车在路上排成一列，为此，他们给每辆车发了一个号码和一个对讲机，车子按照各自的号码排成一列，组织者把经验丰富的司机安排在队伍的最前面和最后面。通过对讲机，组织者提醒前面的车在有人落后时减速，并告知那些被堵在路上或被红绿灯拦住的司机如何追上车队的其他成员。车队中的所有车辆全程开着应急灯，向其他车辆发出信号，表明他们是一个团体。

有组织的自驾游是一个自相矛盾的概念：它把控制和纪律带回到一个本应自由的体验中。袁毅承认，他并不是很喜欢有组织的自驾游，因为"他们限制着你，不让你去你想去的地方"。然而，当他向我讲述他的这次有组织自驾游时，袁毅的眼睛仍闪闪发光。"几十辆车在高速公路上排成一排行驶，所有车的应急灯都在闪，看起来多壮观啊。"

由于后勤原因，有组织的自驾游实则给组织者带来了很大的压力。这种集体自驾游还有一个更受欢迎的"衍生品"，我称之为"半组织化自驾游"。通常情况下，一群朋友和家人去一个远离家的地方短途旅行。半组织化自驾游没有像上面提到的经销商那样的单一组织者。相反，几个成员——通常是小团体中最热心的人——合作规划行程、路线或项目。他们在城市中靠近高速路入口的某个地方会面，试图组成团体一起开车，闪着应急灯——尤其是在交通繁忙的地区。他们使用对讲机，也越来越多地使用智能手机应用程序（比如微信）在开车时与小团体保持联系。在这种自驾游中，彼此的沟通很频繁，不仅是为了让所有的车都在一起，也是为了安排午膳和中途休息的时间，互相开玩笑，评论路上的其他司机和车辆。

半组织化的自驾游与另一种形式的集体驾驶——迎亲车队巡游有许多相似之处。前者在高速公路上或乡村地区更容易见到，而后者在城市里更为寻常和引人关注。迎亲车队通常规模不大，一般由4到6辆车组成。尽管各地情况不同，在传统的婚礼仪式中，往往会有迎亲队伍，里面有抬着新娘的花轿和由苦力抬着的嫁妆，以庆祝两个家庭的结合并展示他们的财富。[6]家庭越富裕、越强大，迎亲队伍规模就越大。如今，轿车已经取代了迎亲车队中的轿子和马的位置。在车队中，主车载着两位新人和首席伴娘伴郎。其余的车则载着其他伴娘、伴郎，有时也载着新人的亲戚，比如表兄弟姐妹、侄女外甥等等。与其他家庭仪式一样，婚礼习俗体现和巩固了亲属关系和社会网络。老一辈并不参与迎亲车队巡游。伴娘和伴郎由新人的好友担任，有时则是新人年轻的兄弟姐妹和表兄弟姐妹。

迎亲车队中的轿车被称为"花车"，这与"花轿"相呼应，后者是过去婚礼上使用的轿子的名称。新人乘坐的主车引领着巡游队伍，它是车队中最昂贵的一辆，也是装饰得最漂亮的一辆。通常在主车引擎盖顶部靠近汽车品牌标志的地方，会装饰上摆成心形的玫瑰花，或一对毛绒玩具熊，或其他代表新人的可爱卡通形象。其余的"花车"则在车身上装饰有五颜六色的丝带和花朵。它们的装饰非常公式化，任何人都可以轻易地识别它们。轿车行进的顺序是根据它们的昂贵程度来安排的，轿车排在七座面包车之前。越来越多的新人会雇佣一名摄影师来拍摄婚礼的整个过程。摄像师坐的车要么是紧凑型两厢车，要么是带天窗的车，以方便拍摄。大多数时候，摄像师的车在车队最前面行驶，以拍摄整个车队的情况。时不时地，摄影师所坐的车也会绕到车队侧面或后面，从其他角度进行拍摄。

两个新人各自的原生家庭之间的地理距离与是否举行婚车巡游无关。即使新郎和新娘的家住得很近，在正式的婚礼上，车队仍然是必需的。在婚礼当天，新郎或他的朋友一大早就把车开到花店，在那里装饰花车。到了吉时，新郎和他的朋友带着车队去接新娘和伴娘，再从新娘的娘家开到新郎的家。[7]回新郎家的路上要绕道而行：车队要穿过有吉祥寓意名字的街道，如吉祥路、多宝路、百子路、泰康路等，以求得好运。[8]

2006年至2007年期间，我注意到许多迎亲车队有一个普遍做法，车牌用一张红纸覆盖，红纸上会写上一些诸如"百年好合"和"永结同心"的祝福语（参见图4）。年轻的市场经理斯泰茜开玩笑说，很多人选用的婚车装饰、车牌遮挡和巡航路线都很相似。她曾在2008年收到5张婚礼邀请函，5个婚礼都在同一天。她开玩笑说："我那天就很担心我坐的花车会跟错车队。"我的访谈对象说这种做法"很常见"。袁毅曾多次担任伴郎和婚车司机。我问他："你会遮盖车牌吗？这样会违反交通规则吧？"他大笑着向我解释："不，这些都是花车。结婚是人生大事，交警才不想在这种大日子里为难人。"遮盖车牌的做法持续了一段时间，到21世纪的头10年才逐渐消失。汽车上仍会贴上写着祝福语的红纸，但会贴在车牌的上方或下方。

婚礼车队首次出现在广州是在20世纪80年代末。当时，有

图4　一辆被祝福语遮挡住车牌的婚车，作者摄于2007年

车的人相当少，也很少有人持有驾照。大多数人租用出租车和配备司机的面包车来组成迎亲车队。如果新婚夫妇在酒店餐厅举行婚宴，并且总账单超过一定的金额，一些高档酒店就会提供没有"出租车"标志的酒店轿车给新婚夫妇，作为迎亲车队里的主车使用。据一些广州本地居民的回忆称，那时候在婚礼车队里有一辆来自白天鹅宾馆的劳斯莱斯就相当壮观。毕竟当时整个广州也就只有两辆劳斯莱斯。白天鹅宾馆属于一位香港富豪，1986年英国女王伊丽莎白访问广州，这位富豪为此特别购买了两辆劳斯莱斯，当时很多电视和报纸都做了特别报道。因此，在一个大多数

人对大多数轿车品牌知之甚少的时代，劳斯莱斯和它的欢乐女神车标在当时被许多当地居民所熟悉。

　　进入新千年，出租车不再出现在广州的迎亲车队伍里。我曾见过只由宝马的7系列或Mini Cooper组成的迎亲车队。面包车则大多被商务车所取代，如别克GL8和本田奥德赛；它们通常供跟车人员乘坐。最经常使用的婚车是中档轿车，如帕萨特、凯美瑞和锐志。通常情况下，这些车既不属于新人也不属于他们的家人。即使他们有一辆车，新婚夫妇仍然要从亲戚、朋友或同事那里借车来组成一个车队。他们尽量借豪华轿车来充当车队的主车。亲近的朋友不仅提供自己的车给新人，还在婚礼当天担任婚车司机。就像有组织的自驾游一样，迎亲车队的所有轿车都排成一列行驶，即使在交通繁忙时也尽量保持在一列。在路上时，婚车会闪应急灯，示意路人他们是一个团体。其他车辆通常不会插进迎亲车队的队列。一些访谈对象告诉我，有时婚车甚至会闯红灯，以便跟上车队的步伐。虽然婚车违反了很多法规条例——遮挡车牌、闯红灯、摄像师不系安全带，但受访者表示交警对婚车的违规行为要比对普通车辆更加容忍。

　　在多年的田野调查中，我参加了几场婚礼和一些半组织的自驾游。我注意到，在这些集体驾驶实践中，有一件事对参与者非常重要：保持队形。参与者尽力作为一个团体来驾驶，他们希望街道上的其他车辆能够尊重这一点。如果其他车辆插入他们的车队，他们就会感到不快。我曾在不同场合看到平时很温和、很有礼貌的司机开始咆哮："他们没看到我的车灯在闪吗？他们没看到这儿有一个车队吗？是个人都看得出！"[9]有时他们会变得很不耐烦，不断地按喇叭，想把别人赶出自己的车道，尽管在城里是禁止按喇叭的。虽然我没有目睹过车队和非车队司机之间的冲突，但有报纸报道，当非车队的司机不尊重车队，不尊重车队保持队形完整的意图时，非车队和车队司机间的冲突就会升级。[10]

集体驾驶的做法在其他国家也存在。从美国的哈雷戴维森车队到日本暴走族（Sato 1991）。这些车手的形象与工人阶级、青年亚文化、身份认同相联系。这些车队被认为是蔑视中产阶级价值观的一种表达。相比之下，在中国城市中，集体驾驶是非常中产阶级的活动。我的访谈对象中几乎所有车主都参加过迎亲车队巡游和半组织化的自驾游。尽管如此，中国中产阶级的集体驾驶与哈雷戴维森车队仍有共同点：它们都与群体凝聚有关。在这些集体驾驶的场合，中产阶级感受到一种共同感：和自己的同类在一起。这是一种既独处又共处的体验——各自开着自己的车但同时与同伴相联系。通过一起开车，他们创造了一个共享的社会空间，而这个空间同时又被他们的轿车分隔开。参与者要求他者尊重他们所属的这个社会空间的可见边界；插入车队或中断巡游队伍都是对这个共享空间的践踏。

车队巡游

然而，当这些中产阶级司机组成车队，并强调"保持队形"的必要性时，除了群体凝聚和赢得尊重之外，还有其他因素在起作用。他们期待着别人尊重车队队形，但除了"我们是一起的"之外，他们说不出为什么这对他们如此重要。他们想知道，为什么其他人要插入他们的车队？他们担心车队队形被破坏，这种担心与通信无关，因为对讲机、移动电话和互联网使他们可以在分开驾驶的同时又能轻易保持联系。

这种对队形的迷恋与审美体验有关。我的访谈对象描述这些集体驾驶行为时经常用的说法是"壮观""看起来很棒"和"感觉很特别"。这种审美也体现在前文提到的关于"方便"的话语中。轿车能否为其中产阶级车主提高可靠度、带来便利，不仅仅是由汽车品牌决定的；要发挥这种功能，轿车还应该有特定的外观。这种审美体验是历史性的，在很大程度上，它被一系列的国家实践所塑造，并被全球汽车制造商所强化。

自从20世纪初汽车出现在中国大城市以来，汽车一直被视为西方现代性和技术的物质体现。（Dikötter 2006; Lee L. O. 1999; Lu H. 1999）20世纪70年代末以前，轿车在高度集体化的环境中处于一个错综复杂的地位。虽然国家有意识地发展汽车工业，但在20世纪70年代末以前，轿车往往与剥削成性的城市精英联系在一起。在其他一些社会主义国家，普通人也可以使用轿车（但通

常弄不到车）（Siegelbaum 2008, 2011），但中国与上述这些社会
主义国家不同。20世纪70年代末以前的中国，轿车被看做是资产
阶级生活方式的一部分，因此不适合私人使用。直到1994年，政
府机构和国有企业拥有的乘用车仍占全国总量的大约80%。[11]即
使在2006年，中国生产的60万辆乘用车中也只有不到30%卖给了
个人。[12]乘用车主要用于党政官员的公务目的。白洁明（Geremier
R. Barmé）生动地描述了20世纪70年代末以前中国的轿车应用
场景：

> 例如，只有党、军队和国家机关的最高级别干部才能
> 乘坐中国制造的新式豪华轿车"红旗"出行。苏联产的"吉
> 姆"是留给部长和省级领导的，"伏尔加"是分配给局长和
> 师级指挥官的，而波兰产的"华沙"是留给普通干部的，他
> 们被戏称为"香烟、油、糖和豆子"干部。（2002，180）

直到20世纪90年代初，道路上轿车的主要类型除了非私人
用的公务用车之外就是出租车。在20世纪70年代末以前，出租车
在其他城市已经消失了。由于广交会的召开，国务院在1956年授
予广州拥有出租车的权利。出租车队起初为领导人和参加广交会
的外国人服务，后来在20世纪70年代末至90年代初为海外华人服
务。出租车并不像政府或国有企业的轿车那样享有盛名。然而，
乘坐出租车仍然是一种相当昂贵的公共交通方式（Zhang Ju，

2016）。对一些在20世纪70年代末以前出生和长大的老广州人来说，"的士"，即英文"出租车（taxi）"一词的粤语音译，泛指任何非政府所有的乘用车。

多年来，公务用车一直保持着相似的外观：它们是中型到大型的黑色轿车，有足够的空间给乘客舒展双腿，还配有一个大后备箱。渴望吸引新兴中产阶级的国际汽车制造商一直在利用和强化公务车的形象。从2005年到2010年，当大多数主要的国际汽车公司开始在中国生产汽车时，一些公司为中国市场定制了某些车型。一些紧凑型汽车，如标致206，它在欧洲的双门车型在中国被改成了四门车型。其他一些车型，如本田飞度（欧洲的爵士）和标致307，在中国增加了一个后备箱。豪车品牌，如奥迪、宝马和英菲尼迪，则采取了另一种策略。他们生产加长轴距的版本，在总长度上增加10到15厘米。例如，奥迪A6被拉长，生产出奥迪A6L。

奥迪似乎特别了解中国市场，知道许多人把公务用车的威严外形视为一辆"得体"轿车的标准。我做田野调查的汽车经销店"汽车之友"，有很多客户和我的中年中产阶级访谈对象们一样，都认为深色的中型轿车更"稳重"，更"值得信任"。他们中有人说，这些特征使一辆车看起来"得体"。奥迪似乎已经成功地塑造了其"官车"的形象；许多地方政府将奥迪作为公务用车，而黑色的中档奥迪轿车也赢得了许多如陆律师、秦律师和小王等专业人士的青睐。这种偏好在20世纪90年代以前成长起来的一代人中最为明显。在年轻人中，尤其是男性以及律师和国家公务员中，也可以看到这种偏好。

相比之下，紧凑型轿车——根据我许多访谈对象的说法——只适合作为家庭的第二辆车（关于这一点，在第二章有更多介绍）。自2010年以来，紧凑型轿车的数量明显增加，这表明轿车市场也许正在变得多样化。[13]年轻一代的车主，尤其是年轻女性以及一些像袁毅这样的人，认为黑色的四门轿车"无聊"且"缺乏个性"。相反，他们在选择时强调"个性化"。然而，对老年人和中年专业人士来说，"没有屁股（后备箱）的轿车看起来很丑"。紧凑型轿车常常被打上某种烙印：如果车主买的紧凑型车属于低端品牌，就意味着车主买不起更大的轿车。如果小型车是大众甲壳虫或Mini Cooper，它可能被认为是富人的玩具，或是送给情人的礼物，或者是属于一个自我放纵的女人。

一些访谈对象解释说，他们的偏好也是出于实用性的考虑。他们告诉我，政府喜欢使用某品牌的车是对其质量的一种认可。陆律师对于他为什么选择奥迪的说法就是一个很好的例子：

> 奥迪要成为政府首选品牌，就必须达到一定的标准。它不敢偷工减料。政府官员要求很高；他们的车必须安全且舒适。政府用它家的车，这在中国就是最好的广告和证明。

陆律师的说法暗示了中国中产阶级经常体会到政府、市场和个人之间的关系。虽然中产阶级拥护市场经济，市场经济让他们获得工作机会和随之而来的丰富商品，但他们对市场力量的道德性持怀疑态度。[14]他们认为政府是遏制市场中任何不道德行为的必要力量。

这种矛盾性体现在许多与轿车有关的实践中。从这种矛盾心理中，人们甚至可以理解为什么中产阶级在集体驾驶行为中强调要"保持队形"。对中国人来说，国庆节观看天安门广场前的阅兵式是从小就有的记忆和经验。阅兵的形式和队列是公众关注的焦点，它们很难被忽视或忘记：整齐的部队以极端的纪律行进，每条腿总是抬到一个精确的高度。地方政府和其他单位，如学校和国企，也总是模仿国家阅兵式，在他们自己的庆祝活动中创建自己的阅兵式。参加阅兵式是一个人从上学时起就有的体验。媒体对国庆节阅兵式或特殊场合（如北京奥运会开幕式）的大量报道刷新并频繁强化了这种经验。人们在阅兵文化中长大，因此更容易发展出对这种建立在熟悉的阅兵形象上的特殊形式的审美观。

与大规模的军事或体育性阅兵一样，公务车车队在私家车所有权受到高度限制甚至被禁止的情况下，起到了观赏作用。公务车车队的乘客可能是重要的政治人物或外国访客。警车和摩托车护送公务车车队通过大城市的主要街道，确保其他车辆都为车队让路。虽然普通市民只能在街上或通过电视或报纸观看这些车队，但他们对这些车队的形象非常熟悉。

　　我并非暗示中产阶级对集体驾驶和组建车队的迷恋是源于他们旁观阅兵式或官方车队的经验。毕竟，在我的访谈对象眼里，他们只是在迎亲车队或半组织旅游中遵循"习惯做法"。不过他们也从未考虑过是什么让他们有资格在繁忙的交通中占有空间。他们单纯地认为这理所当然。此外，他们谈论有组织的自驾游或迎亲车队的方式与他们谈论阅兵式或北京奥运会开幕式（特别是将北京奥运会开幕式与伦敦奥运会开幕式作对比）的方式相似：这与权力无关，而是关乎壮观而振奋人心的队列，还有对集体的呈现。与强调集体而非个人的文化相一致，这样的审美体验使中产阶级的社会性充满空间维度——作为一个集体来占据空间。在另一个层面上，通过采用因文化背景而被赋予合法化的形式和做法，中产阶级司机在有组织的旅行和巡游中可以做一些他们在日常环境中不会或不能做的事情。在很大程度上，这种集体驾驶实践创造了一个时空的边缘场景，在这个场景中，司机们超越了他们的日常身份，获得了一种赋权感，而这种赋权感的来源就在于人们熟悉的集体表现形式。

　　新兴的中产阶级为当代中国不断走高的轿车销售额提供了动力。然而，中产阶级对轿车的渴望不应该被简单地概括为消费主义所诱发的虚假意识，也不应该把他们对轿车便利性的论述仅仅看作是对虚荣心的修辞性伪装。在日常生活中，"拥有和驾驶轿车意味着什么"是一种历史性的经验。在美国，轿车被认为跨越阶级、性别和种族界限，是自由与自主的终极象征，这一观念深深植根于颂扬流动性和个人成就的美国主流文化中（Lutz 2014；Ortner 2003，2006）。然而，正如那培思（2012，2017）所认为的，轿车和自由之间并没有内在的联系。在中国，买车开车的实践与这些实践所蕴含的意义环环相扣，它们受到各种社会进程的影响和塑造。正是在此过程结构中，是轿车本身，而不是轿车的价格，成为社会地位的象征。

轿车是社会地位向上流动的象征，社会地位向上流动是中产阶级强烈认同的一种价值观。在一个禁止个人拥有轿车的社会中成长起来的人，将拥有自己的轿车视作成功的标志。中产阶级通过别人的车来判断别人有多富裕，他们知道自己也处在同样的审视之下。虽然我的访谈对象们声称他们没有参与此类攀比，但他们都认为买车时应当选择"可以被人认出来的"的轿车品牌，且认为这一点很重要。

然而，轿车作为社会地位的理想表现形式，并不仅仅是由其经济上的可承受性决定的。一方面，中产阶级承认轿车品牌对其社会地位的影响，但他们对豪华轿车品牌的态度却是模糊的。他们经常拿不同种类的高端轿车和它们的主人开玩笑，并指责新贵们玷污了这些品牌：奔驰和宝马同样都是为富人准备的，但后者往往与傲慢、粗暴、不负责任的新富为伍；而Mini Cooper和甲壳虫则被认为是情人专用。[15]但许多中产阶级专业人士承认，宝马是他们的梦想品牌，奥迪则是高质量轿车的代表。为了区别于那些喜欢通过玛莎拉蒂或跑车等豪车炫耀财富的新贵们，中产阶级专业人士强调，他们购买或喜欢奥迪等著名品牌，是因为工作需要或这些品牌的造车技术水准。当坐在一起讨论买哪辆车时，这些中产阶级专业人士（通常是男性）经常就各种（众所周知的名牌）轿车型号的工艺、经济、安全性能和美学设计进行激烈——甚至是竞争性的讨论。

另一方面，轿车的身份效应与过去和现在之间的复杂关系交织在一起。在20世纪90年代前的社会环境下，中产阶级很多在年少时经历过"工作—家庭"空间移动模式，也经历过基础设施匮乏导致的空间流动性低下，对因为社会环境的种种限制而导致的社会流动性低下也有所理解。这些早年的记忆和对缺乏流动性的理解与中产阶层对轿车的渴望息息相关。集体实践也塑造了人们对某些事物和行动的特别感受力；轿车的身份效应也是如此。乘用车曾经仅用于公务。各种形式的轿车巡游到现在仍是表现声势的手段，影响着个人的审美经验。

在这样的感知下，中产阶级通过轿车为物质媒介而共同分享某些实践和想象，中产阶级的社会性和团结性由此建立。那些为了休闲和娱乐而和朋友一起开车的人可能并不打算在朋友面前炫耀他们的成功，但许多坐在车里的人都感受到了这种同辈压力。在与朋友共进午餐、晚餐或周末出游时，车主可能会问那些没有车的人，他们准备什么时候买车，或者为什么没有买车。像董梅这样的人非常清楚哪些朋友或同事已经买了车，各是什么型号。他们感受到的不仅仅是焦虑，还有渴望，渴望拥有和朋友及同龄人一样的生活方式。因此，轿车是识别他们同类人的工具，这些人共享一种独特的"工作—家庭"关系、生活节奏和社会性的生活方式。

这种通过轿车获得并由轿车代表的新的流动性不可否认地给中产阶级带来了自由感。这种解放感类似于冰箱和洗衣机带来的解放感：这些技术发明使他们能够兼顾工作、家庭和其他社会活动的不同需求和优先次序（Boyer和Boswell-Penc 2010；Cockburn and Ormrod 1993；Cowan 1976）。

轿车连接着空间、时间与人。过去的日子已经一去不复返，然而以前的生活经历、脑海挥之不去的画面和持续不断的盛大仪式仍对当代实践有着持久的影响。社会性扎根于不断变化的社会环境、社会规范和社会文化中，当中产阶级享受着轿车带来的控制感和流动性时，他们正在努力重构社会性。

第二章

家庭用车，孝顺的"消费者—市民"

成为得体的中产阶级

2007年春天，一个星期五下午，我从广州坐了大约1个小时的车到邻近的南海，与晓芬和明丽（参见引言中她的故事）共进晚餐，她们都是中层公务员。明丽迟到了1个多小时，露面时已经一副筋疲力尽的样子。她一边为堵车而道歉，一边开玩笑说："早知道，咱们今晚应该约在广州见面吃晚饭！"她刚从广州开车回来。明丽住在广州的姨妈在报纸上看到一则药的广告，就让在南海工作的明丽给她买药，明丽于是请了半天假，从南海开车到广州，找到药店，把药送到广州的姨妈那里，然后开车回南海和我吃晚饭。尽管是开车，她还是在路上花费了4个小时。我问："姨妈为什么不能自己买呢？她住在广州。又近又方便。"明丽答道："不行，她说不知道怎么去药店。"我说："好吧，她其实可以坐出租车，把药房的地址告诉司机，出租车司机就会送她去。你不是广州本地人，更不熟悉广州的街道。"明丽回答说："她希望我这么做。我也没办法。"

继上一章讨论轿车与中产阶级的社会性之后，本章通过考察个体、家庭和中产阶级的形成之间的关系，继续把轿车与个人流动性之间的关系作为研究问题。中国中产阶级的崛起引起了许多学者的兴趣。当他们努力绘制中产阶级的社会形态时，他们的实证框架通常倾向于采用个人为中心的研究路径。对那些使用定量方法的研究者来说，一种以个人为中心的研究路径允许研究者对个人的社会地位进行量化和排名，进而衡量中产阶级人口的规模（参见序言）。对做民族志研究的人来说，虽然民族志的描述中提到了家庭和多代同居（例如，Tomba 2004），但它关注的重点不在于家庭关系，而是在于住房私有化对自我的塑造（Zhang L. 2010）以及社群建设的影响（Tomba 2014）。鉴于人们越来越倾向于表达个人的情感和欲望，以自我为中心的道德观念正日益增强，即中国社会的个人主义倾向越来越强烈，从而削弱了传统的家庭价值观（2003、2009、2011，2013；另见Wang和Nehring 2014）。在某种程度上，阎云翔的观点响应了社会上具有相当普遍性的情绪，即孝顺作为伦理价值正在消失，之所以这样，是因为正如一些基于人口普查的研究表明，核心家庭现在是中国城市家庭的主要形式（Ma et al. 2011; Ma et al. 2011; Wang Y. 2006）。

　　因此，中国似乎正沿着安东尼·吉登斯（Anthony Giddens 1992）和威廉·乔赛亚·古德（William Josiah Goode 1963）的经典现代化理论中描绘的道路前进。然而，这两位学者讨论了个人主义、浪漫爱情和纯洁关系，以及把核心家庭作为工业化和城市化的产物的观点，这些观点已经被不同学科的学者提出异议并重新审视。一方面，所谓核心家庭的增长可能有西方语境下的历史根源。历史学家指出，多代同居在工业化前的法国和英国并不常见，这些国家的家庭规模原本就相对较小（Thornton 2001）。另一方面，以中国为例，学者们提供了一幅关于家庭实践的复杂图景。定量研究和案例研究都显示并证明了，在快速工业化和城市化过程中，家庭价值观和多代家庭结构依然保有很强的适应力（Evans 2010；Hu和Scott 2014；Huang PC 2011；Kipnis 2016；Ma et al. 2011；Whyte 2003；Zhang W. 2009；Zhang和Sun 2014）。这一过程的特征不是家庭和社区的瓦解，而是亲密生活被重塑。推动完成这一重塑的是一连串力量，这些力量塑造了改革开放后中国自己的现代性议程（Donner和Santos 2016；Santos 2016，2021；Santos和Harrell 2017）。当前的研究倾向于关注农村地区、城郊以及二线城市，涉及的人群社会经济地位相对较低。我加入这一学术研究领域则是为了调查一个鲜少有人涉足的群体：大都市中的中产阶级。

我认为家庭是一个重要的机构，一个情感的场所，一个塑造中产阶级主观性和生活方式的实践领域。学者们已经证明，在欧洲的语境下，家庭作为社会地位生产和再生产的社会文化场域的一部分，起到了怎样突出的作用。[1]历史学家已经证明，正是在资产阶级的家庭场域之内，性别关系和道德经历了质疑、协商和再生产，这一过程令社会地位差别能够在工业化的欧洲得到阐明（可参见Frevert 1990；Hausen 1981；Hull 1996；Kuper 2009）。

皮埃尔·布尔迪厄关于法国社会的开创性著作强调了家庭是文化、社会和经济资本得以培养、转化和再生产的主要机构。

中国与西方语境的不同之处在于，中国的家庭是多代同居的。中国的计划生育政策极大地促进了两对祖辈老人加一对父母再加一个独生子女的家庭形式的形成——这一形式渐成主流，至少到目前为止大多数的家庭都是这样的。这种家庭形式在城市地区比在农村更常见（Fong 2004; Santos 2016），在受薪中产阶级中比在精英男性中更常见，后者可能有情人，进而发展出多个家庭和多个孩子（Osburg 2013）。[2]

关注家庭并不是否认现实中存在的个人化现象，而是强调个人化只是中国转型之复杂过程的一部分。"成为中产阶级"通常是个体在日常生活中的一种身份认同，但个体同时也"是多种关系构成的场域的一部分，是对构建自我的路径和模式所持的开放态度的一部分"（N. Z. Davis 1986, 63）。本章透过越来越以轿车为中心的生活方式，探索存在于中产阶级生活方式和他们几代同堂家庭形式两者相互构建的过程。虽然本文揭示出的仅仅是这一新兴社会文化繁复画面的冰山一角，但其重要性不容忽视。

为此，我将首先概述几代人的投资如何使以轿车为核心的生活方式成为可能。然而，家庭不仅仅是一个提供财务资源的共同体单位。在下文中，我将详细阐述由不断变化的政治环境、计划生育政策和育儿方式所构成的中产阶级家庭不同代人的生活经历和代际关系。中产阶级专业人士购买和驾驶轿车时，家庭作为情感和道德空间的重要性在其中有深刻的表现，我将在下文对此进行检视。我不认为"孝"是一种抽象的儒家价值观，也不认为它只是一种传统或只是"中国"文化的一部分。相反，我将通过描绘城市专业人士如何兼顾个人偏好和家庭需求，突出展示道德原则如何落实为日常决策中的道德实践。同时，我将城市专业人士称为孝顺的"消费者—公民"，借此强调他们与政府之间通过物质商品进行协商的复杂关系，而不强调他们与公民身份相关的权利和义务。由于轿车和相关的出行方式使中产阶级能够以他们认为合适的方式想象、重新定义和实践家庭生活，他们的行为与政府重申传统价值观的工作产生共鸣。政府不仅仅要应对人口老龄化，还要在全球舞台上确立其软实力。政府和城市中产阶级这两者与机动车体制之间的关系是多层次的、动态的，这种关系虽然有时是无心的结果，但仍然有其共生性。

轿车、人生阶段和家庭经济

拥有一辆家用轿车在中国是一个全新的概念。2003年，私家车消费刚刚起步，广州市每百户占有的私家车不到3辆。这一数字在10年内增加了10倍，在2012年达到32辆，此后一直在增长。[3]中国轿车市场青睐体型更大的轿车，通常是所谓的三厢轿车。虽然奔驰Smart、Mini Cooper等超小型车近年来开始受到人们的关注，但在中产阶级车主眼中，它们被认为是炫耀性的消费项目（另参见本书第一章）。大众Polo等紧凑型轿车并不受欢迎。一些紧凑型车型，包括本田的飞度和标致的307，被重新设计成三厢轿车，以便它们看起来比原来的两厢版本更大。汽车经销店"汽车之友"的一位客户对标致206（一款紧凑型两厢车）的评论代表了我许多受访者的意见："小型两厢车只能是你的第二辆车。只和老婆女儿出去时开这样的车很实用。但要想载更多的人，你需要一辆更大的车。"他选择了标致307，因为"后座为（他的）父母提供了更多空间"。

这一评论暗示了家庭在与轿车相关的生活方式中占据的突出地位。这种生活方式不仅涉及轿车，还涉及一系列价值观和实践，这些价值观和实践构成了以获取各种物质为标志的"正确"生活轨迹。住房被认为是必需品，而轿车仍然属于一种用于锦上添花、提高生活质量的物件。在广州多年的田野调查中，一些年轻的受访者——主要是大学生——告诉我他们会考虑在租房阶段买一辆车，但很少有人买车后仍然住在出租屋里。[4]

对许多城市家庭和个人来说，无论其社会地位如何，首选的顺序是先结婚，然后作为新婚夫妇购买住房。[5]如果他们新婚时买不起车，那么下一个买车的最佳时间是孩子的降临之时。人们普遍重视住房所有权和现金经济，因此中产阶级专业人士在寻求一种有车的生活方式时面临着巨大的财务压力。对与父母同城而居的中产青年来说，结婚就是搬出父母的家，组建自己的家庭。对中国其他地区的人来说，确定结婚后通常需要从租房过渡到买房。

由于20世纪90年代后期开始的住房市场化和2005年以来房地产价格的飞涨，许多年轻夫妇需要父母的经济支持才能买房买车。通常情况下，父母给钱或者借钱给年轻夫妇支付首付款，然后由这对夫妇自己偿还抵押贷款。[6]在某些情况下，父母将他们通过福利分房制度获得的住房出租，和他们的孩子一起搬进设备更好的新房——通常是在一个封闭的社区。旧房的租金往往用于支付新房内多代家庭的日常开支。有几对受访的年轻夫妇则是由他们自己支付买房的全款，父母送他们一辆轿车作为结婚礼物。另有几位受访者的婚姻故事中，新郎的家人为买房支付了首付，而新娘的家人则负责买车。尽管可以获得银行贷款，但大多数人仍然用手头的现金买车——这表明许多夫妇会存钱或向父母借钱买车。但我发现，随着孩子的到来，年轻夫妇用自己的资金购买轿车的情况会增多。

尽管中国经济快速增长，但对许多城市家庭来说，轿车仍然是昂贵的物品。在全国最富裕的城市之一广州，2007年的人均月可支配收入为1872元人民币，折算为每年22464元人民币。同年，流行的乘用车的价格在人民币8万到20万元之间，是人均可支配收入的4到10倍。诚然，热门车型的价格区间一直相对稳定，而官方的居民平均收入数据近年来一直在不断上升。但即使2013年人均年可支配收入达到人民币42049元，轿车价格仍然是个人平均年收入的数倍。

此外，轿车的维护保养是昂贵的。任何中型轿车的月支出都高于平均可支配收入。一个地方性电视汽车节目曾经计算过关于特定车型的日常开支（见表4），其数字与我采访得到的数字相符。

表4 2007年广州市养车所需的日常费用

单位：元

	大众 Polo	雪佛兰 乐骋	标致 206	大众帕萨特	通用 君越	福特蒙迪欧	雅阁
每年保险费	2,800	2,100	2,200	4,430	4,500	4,360	4,220
每年路桥费	2,400	2,400	2,400	3,000	3,000	3,000	3,000
每年停车费	2,400	2,400	2,400	2,400	2,400	2,400	2,400
每年油费	4,800	4,800	6,000	14,500	17,000	16,000	15,500
每年保养费	2,000	1,000	6,000	6,400	7,600	8,100	7,800
每年其他开支	2,000	800	750	1,600	1,600	1,600	1,600
年度总计开支	16,400	13,500	19,750	32,330	36,100	35,460	34,520
每月花费	1,366.7	1,125.0	1,645.8	2,694.2	3,008.3	2,955.0	2,876.7

注：1.00美元约合7.75元人民币。

资料来源：2007年4月24日，广东体育频道《车动力》节目。

2007年，董方和妻子都是国有银行的中层管理人员，他们的家庭收入远高于全市平均水平。由于可以轻松获得银行贷款，他们无须父母帮衬，自己在远离老城区中心的封闭社区购买了一套住房。董方在上大学时拿到了驾照。2006年第一批丰田汽车在广州出厂时，他订购了一辆凯美瑞，花了20万多人民币，付完钱等了4个月才到手。这是他的第二辆车。他每天都开车沿市中心的高速公路去上班。当被问及2006年他的汽车每月开支是多少时，董方笑着说："一共1600元左右，包括油费、保险费和年费。我有自己的停车位，而且因为我驾龄长，所以可以享受保险折扣。但这不包括交通方面的罚单。如果我的父母知道这个金额，他们不会让我继续留着这辆车的。"

近年来，汽油价格和停车费尤其将养车成本推至新高。由于人口稠密的城市可供停车的空间有限而人们对轿车的消费日益狂热，停车位的价格迅速上涨（更多关于停车的内容参见本书第六章）。许多车主不得不在公共停车场或私人车主那里租用车位。有知情人士透露，2013年，一个车位的月租加管理费总计超过1000元，而一辆车的月总成本上升到5000元。对许多家庭来说，日常养车成本让他们对买车犹豫不决。正如他们常跟我说的，"买车容易，养车难"。

不可否认，若以平均收入为参照，就忽略了城市内各地区的收入差距和日益扩大的社会差距，但毫无疑问，受薪中产阶级在享受有车的生活方式时并不轻松。我面向受访者的小调查显示，2013年，公务员、法官、30多岁的学校教师和大学教职工的月收入通常在5000至1万元（税后，但不包括福利或奖金）。在私营公司或律师事务所工作的专业人士通常赚得更多。尽管如此，他们仍然需要经过仔细考量之后才敢将轿车纳入未来的家庭预算之中。比如，邵敬和他的妻子都是供职于大公司的工程师，他们和邵敬的父母同住在一个封闭式社区。他们每月需要还大约9000元人民币的房贷，另外还有5000元人民币的车贷。单单这两项加起来，就几乎用光了邵敬一人的税后月收入。另一位从业10年的律师塞西莉亚告诉我："我每个月稍微花点钱，1万块就没了，养车、吃饭、女儿上幼儿园的钱、女儿上辅导班的钱、买生活用品。我已经没有房贷需要还了。但1万块只涵盖了一些基本的东西，不包括偶尔出去吃一顿美美的大餐，也不包括买衣服。"

"有车的生活"实际上是中产阶级家庭生活方式的典型代表。在一些住房和养车开销较高的城市，虽然人均收入并不高，但人们汇聚两代人的资源来买车，依然使汽车消费的快速增长成为可能。尽管如此，正如孔迈隆（Myron Cohen 1992）认为的那样，家族作为一个共同体寻求将其财务回报最大化，这只是故事的其中一个方面。情感和道德的考虑与将家庭凝聚在一起的物质基础一样重要。

代际纽带：关怀与情感

阎云翔（2003）关于中国北方私密生活的民族志研究很有影响力。他对农村地区经济制度变化导致个人崛起提出了两个相关的见解：第一，家庭生活中越来越多地看到情感表达；第二，孝道正处于危机之中。阎云翔在他后来的文章中进一步将第二个观点发展为社会个体化的论点。他强调年轻一代理所当然地享受父母的财富。年轻一代不是"为了让父母幸福而牺牲自己的时间、劳动、财富甚至生活"，而是认为"我们生活幸福，父母就感到幸福，因此我们在生活中追求快乐和舒适应该被看作尽孝道的一种方式"（2011，37）。他认为，新的道德正在兴起，这种个人化的新道德理念以追求个人利益为中心，导向"一种代际互惠的新游戏，建立在等价交换的新型道德考量之上，而不是基于孝道的逻辑"（2013，279）。有趣的是，阎云翔在2003年的民族志研究中提到关于家庭的"经济合作社模式"，该模式认为"家庭（是）……一个主要由理性、自利的成员组成的经济实体"（2003，3）。阎云翔在文中以此模式出发又对这种模式进行了批判。然而，随后10年的观察似乎让阎云翔发生了态度大转变，观点转而认为"家庭（是）……一个主要由理性、自利的成员组成的经济实体"（2003，3），他一改其在2003年的民族志研究中建立的"合作社模型"，并对其做了自我批判。

我接下来的分析也是从阎云翔的命题出发又对其进行批判。中产阶级专业人士如今面临的是一个崭新的物质世界，在这里，消费者享有许多以前都不存在的选择。通过对阎云翔早期写作中没有充分讨论的情感方面的详细阐述，我将展示中产阶级专业人士在这物质世界里是如何在冲突和协商中重建家庭伦理的。家庭是一个多层次的实体，有着丰富的情感和物质交流，家庭伦理的重构对于中产阶级主体性的形成至关重要。

邓利杰（2004）记录了国家发展大计如何催生了像明丽、

她的同龄人或者所谓的"第四代先富者"这样的中产阶级专业人士。在我的研究中，这些中产阶级专业人士出生于20世纪60年代末和80年代初之间，往往比他们的父母一代和他们的后代经历了更多的向上社会流动。我的大多数受访者的父母在青少年和成年早期都通过工作单位获得了稳定的工作、医疗和托儿服务。[7]那时家庭的收入普遍较低，但整个社会相对平等。低成本教育覆盖到大学，令我的受访者们从中受益颇深。尽管他们有工人阶级或下层干部的家庭背景，但他们能够找到专业性的工作（更多关于中产阶级的生活轨迹参见本书第三章和第四章）。他们的配偶通常也是专业人士，具有相似的教育和家庭背景（另见Li Y. 2008）。

前面提到的塞西莉亚就是一个具有代表性的案例。她来自一个北方城市，她的父母在退休前是国家公务员。20世纪90年代末，塞西莉亚在广州上大学，毕业后在一家中型律师事务所工作。她在职场上遇到了未来的丈夫，并在这座城市安顿下来。他们准备结婚时父母出资帮他们购买了第一套房子，他们在几年内把这笔钱还给了父母。这对夫妇看到房地产市场的潜力，于是不久后又在父母的支持下投资了另一套房子。塞西莉亚的女儿一岁时，夫妇俩买了他们的第一辆车。塞西莉亚的父母离开了熟悉的家乡，来到广州帮她照顾孩子。塞西莉亚可能比她大学时代的朋友们收入更高。她的朋友们有的成为公务员，有的做法官，也有的当教授。尽管如此，朋友们或多或少都沿着同样的路径，在结婚时买一套房子，在孩子出生前或出生后不久买一辆轿车；他们的父母通常会帮助照顾孩子，通常还会帮助他们支付买房的首付款。

中产阶级家庭多代同堂的特征不仅建立在经济联系上，还建立在关怀和情感上。"情感"是结构化的感受（Lutz和Abu-Lughod 1990），而"关怀"是一种需要不断调整和参与的动态行动（Mol 2008）。家庭作为一个情感和伦理的空间，是由中产阶级家庭场域的日常交流所培养起来的，而这种交流又是由不断变化的大环境中的一系列制度和话语实践所塑造的。

在我的研究中，受访者父母那一代人成长在一个动荡的时代，许多人读高中时赶上"文革"、下乡，直到20世纪70年代末80年代初才回城结婚。[8]鉴于住房供应有限，加上人们有继承父母工作岗位的可能性，计划经济下的单位制"创造了人口和物质条件，有利于出现与附近的亲属具有广泛经济和社会联系的大型多代家庭"（Davis和Harrell 1993, 1）。这一代人和他们的父母之间的关系很亲密，但不像他们与自己孩子那样善于表达情感。

而我所研究的这些中产阶级专业人士是在国家将重心转向经济发展的时代成长起来的。由于工作和教育的正常化，他们的家庭生活更加常规化。当时也是国家生育政策启动、修订和巩固时期（Greenhalgh 2008）。我的许多受访者都有兄弟姐妹，通常只有一个；一般来说，他们的兄弟姐妹数目相比他们父母的兄弟姐妹要少。他们在上大学之前，通常待在家里。他们中的许多人与父母非常亲近；母女关系往往尤其牢固。[9]

阎云翔（2003）将父母加强情感纽带的做法视为建立互惠关系的策略，其长期目标是让孩子在晚年照顾他们。这可能是真的，但只是片面的，因为亲子关系中的主观世界和世俗生活存在多个侧面（Zhang和Sun 2014）。在我与受访者们的对话中，随着家庭故事的展开，我了解到许多受访者的父母实际上处于相对独立的经济状况。许多人的父母身体健康，在孩子结婚搬出后享受自己的生活。这些父母要么在正常的退休年龄退休，要么因为他们就职的国有企业破产而被迫提前退休，或者在国家机构改革过程中作为超龄员工将他们的位置让给年轻人。但即使被迫退休，他们仍然有权获得养老金和医疗福利。根据他们以前的工种，养老金发放有所差异，有的可能低于当地平均水平（例如退休的国有企业工人），有的则高于平均水平（例如退休公务员）；他们还享有部分或全额报销的医疗保险。托当年社会福利分房的福，他们中的许多人都有一套住房。通常，父母的养老金可以保障他们在退休后过上体面的生活。由于广州当地难懂的方言、饮食习俗、气候和缺乏社交网络，这些父母虽然可能想与孩子亲近，但并不爱来广州住。但在我的受访者们看来，父母最好与他们住在一起，因为他们可以关注父母的健康，确保他们过上舒适的物质生活。

当这些受访的专业人士在20世纪90年代末和21世纪初结婚生子时，中国的计划生育政策已经正式落地20多年，政策仅允许城市户口的夫妇生育一个孩子（Greenhalgh 2008）。正如几位受访者和他们的密友告诉我的那样，因为他们只能生一个孩子，所以他们觉得必须要生出这唯一的孩子，而且必须为孩子做足"正确"的一切。这些年轻的中产阶级夫妇仔细阅读了有关优生学和儿童教育的热门书籍，从怀孕到育儿，在每一个阶段都要精心准备、执行。情感是有关养育子女的纪律性话语的中心。在中国的城市家庭中，已经形成了需要投入大量财力、精力的育儿文化（Fong 2004; Kuan 2015）。随这种文化而来的，是高度的焦虑感，对身为母亲的中产者尤其如是。

孙辈的到来是两代人的关切相交汇的时刻。老一辈觉得他们需要提供帮助。正如一些人告诉我的：

> 做母亲的都心疼自己的女儿啊。生孩子压力太大了。谁来照顾这些新手妈妈？刚做妈妈的人连怎么照顾自己都不知道。现在她还要照顾自己的孩子！

年轻夫妇，尤其是做母亲的一方，觉得需要父母在身边。如今，幼儿日托服务已不再像他们父母的年代那样随处可得。请一个兼职的帮手是很常见的做法。[10]但是年轻的夫妇们认为当他们忙于工作时父母会帮忙照看家。此外，他们可以照顾父母，而父母则会反过来照顾他们和他们的孩子。[11]金钱通常不是主要考虑的问题。通常，与父母同住既不比雇保姆便宜，也不方便。在多代中产家庭的日常生活中，关怀和情感交流与经济考量一样重要。

因此，中产阶级家庭的规模经历了周期变化。它在结婚时分裂为核心家庭，并随着新一代的到来再次融合。在我研究的城市中产阶级专业人士中，父母是随着孩子的诞生而搬进来的，尤其当父母是外地居民的时候。对当地家庭来说，这对年轻夫妇则可能会搬回父母的家——如今，"父母的家"越来越多地指的是岳父岳母的家。如果他们负担得起，这对年轻夫妇可能会跟父母住在同一个封闭小区或者同一栋楼。即便这对年轻夫妇选择不正式搬家，他们仍然会花大量时间在父母家，白天在那里照顾孩子。无论是否住在一起，城市中产阶级专业人士的家庭生活往往是包含着多代人的。

中产阶级最可能购买轿车的时候是家庭人数增多的时候，即使轿车可能并非专供家庭使用。许多受访者承认，在日常生活中乘坐公共交通工具比开车便宜。但是购买轿车与其说是出于谨慎和方便的考虑，不如说是经济考量的结果（另见本书第一章）。对孕妇、抱着婴儿的年轻母亲和体弱多病的父母来说，公共交通似乎既危险又不方便。公共交通工具内封闭的空气中布满细菌，这被认为对孕妇和婴儿特别有害。公共汽车和地铁经常人满为患，而且没有专门为婴儿车或老年人设计的设施。中产阶级夫妇之间流传着一些轶事，譬如一名漠不关心的公交车司机突然刹车和突然加速造成乘客粉碎性骨折等其他伤害。[12]就像西方语境下将轿车与自主性和阳刚之气联系起来的观念一样（Lutz和

Fernandez 2010），这种关于安全的论述既不涉及技术特征、医学理论，也不涉及使用公共交通工具和驾驶自家轿车之间死亡率的统计比较；它不涉及其他考虑因素，例如社会地位。相反，这种关于安全的特殊话语突出反映了植根于亲密家庭内部关系和新的育儿实践中的关怀和焦虑。

根据我做田野调查期间在汽车经销店的观察，这些中产阶级专业人士在了解与家人，尤其是父母相关的轿车功能时一丝不苟。因为父母的关节不再灵活，所以后座必须有足够的腿部舒展空间，这样乘客就不必蜷缩双腿。座椅不应太低，以免父母难以上车、坐下或下车。年轻的中产阶级专业人士每天上班前都会开车送孩子去幼儿园或学校，也会开车送父母去看医生，为父母跑腿。在周末和节假日，他们会开车载全家去公园郊游，或者去吃饭、购物。

为家人开车，与孝道有关的妥协

中国快速增长的经济为中产阶级家庭提供了他们或他们的父母在几十年前没有接触过的物质生活。中产阶级专业人士如今在许多家庭问题上比他们的父母拥有更多的权威，不仅仅是因为他们是家庭的经济支柱。新的中产阶级生活方式，包括拥有家庭轿车等，需要相匹配的技能和知识，而这正是父母那一代所缺乏的。因此老一代和年轻一代之间错综复杂的关系被重塑，孝道不再以长辈有绝对权威和晚辈服从的形式出现。然而孝道和家庭价值观的道德力量仍然强大，很少有人敢违抗它。对中产阶级专业人士来说，尊重父母、照顾家人和承担家庭责任是道德要素，但如何表达尊重和关怀"涉及在特殊情况下对'最佳利益'进行具体的判断"（Mattingly 2012, 170; Das 2010; Lambek 2010），新型的物质性令家庭伦理实践复杂化。

这里又有另外一则故事：有一次，林玲的舅舅从中国北方的一个小镇来广州观光探亲。他提议去顺德见林玲和她的母亲。舅舅的身子骨并不弱，可以自己旅行。舅舅计划来访的那天林玲必须上班。她事先就无法接舅舅而向他道歉，然后详细说明了如何使用公共交通工具到达她家。如果林玲的舅舅听从了她的建议，他应该只需一小时车程便能抵达他们约定的碰面地点。但到了那天，林玲正忙于工作，突然接到母亲的电话，要她去广州找舅舅。舅舅为了省钱，试图走一条更便宜的路线，这条路线涉及更多的公交车换乘。然而他既没有在大城市中旅行的经验，也不会说粤语。他迷路了，之后设法给林玲的母亲打了电话。林玲的母亲立即给林玲打电话，让她去处理。生气而沮丧的林玲离开了办公室，驱车前往广州。舅舅试图描述他在哪儿，但描述得一团糟，林玲听完之后，让舅舅原地别动，由她来接他。4个小时后，当林玲带着舅舅回到家，她已经筋疲力尽。她告诉我这个故事后，我问她："你为什么不叫他原地打出租车，车到之后付钱？"林玲摇头，干脆地说："不行，我不能这么做。"

后来我把林玲的故事讲给了我们共同的朋友听。这个朋友说："别想了，如果她让舅舅自己打车，她家人肯定臭骂她的。这跟金钱或者时间没有关系。他们单纯地觉得林玲有义务给她舅舅当司机。不然，她就是不孝。"从办公室出去花时间寻找舅舅，是林玲孝顺的表现。如果她只是为他打出租车付钱，她的行为会被视为不尊重舅舅，因为显得她认为他很穷或她想靠花钱逃避尽孝的义务。同样的道理也迫使明丽开车到广州，给住在广州的姨妈买药，如本章开头所述。

当我向前面提到的律师塞西莉亚讲述明丽和林玲的故事时，塞西莉亚的回应有更多情景的考虑：

> 对于孝道，每个人可能有不同的看法。［明丽和林玲］以为她们必须像家人要求的那样开车（去给姨妈买药和接舅舅），那是孝顺。但我觉得并不一定。我要是她们的话，如果我没有特别的事要忙，我可能会离开办公室去找舅舅。但我一直都很忙，我不能不上班。一般情况下，即使下班之后，我也必须照顾我自己的小家庭。我不会每次都给父母当司机。那是不可能的。我必须去法庭或者见客户。如果我不能立即腾出时间，那他们就只能等。对我们来说，他们坐地铁或出租车要方便得多。这与孝道无关。这只是实用。

明丽、林玲和塞西莉亚的区别，其实不在于她们对孝顺的总体态度。其实，明丽、林玲和塞西莉亚在很多方面都很相似。和其他受访者一样，她们都认为孝顺是一项不容置疑的道德原则。她们都来自中国北方的城市，都是成功的职业女性，都已经结婚并且几乎在同一时间有了她们唯一的孩子。她们和家人都不会说粤语。明丽和林玲都有一个姐姐，塞西莉亚有一个弟弟，但都留在老家。林玲的父母更喜欢和林玲待在一起，而不是和她的姐姐住在一起。塞西莉亚的父母也更愿意和塞西莉亚待在一起。原因是一样的：她们的父母为一直照顾他们的这个女儿而感到高兴和自豪。因此，尽管塞西莉亚和明丽、林玲的反应不同，但塞西莉亚的孝顺程度丝毫不逊于后者。她们的不同之处很微妙，在于她们在将一般道德原则转化为日常生活的伦理决策时，她们有各自的处理方式。在这个崭新的物质世界里，如何做一个孝顺的家庭成员，需要不断地、日复一日地、就事论事地考虑和协商。

从明丽和林玲的案例中可以看出，在轿车和日常驾驶方面，争论和妥协比比皆是。购车者通常是几代同堂的中产阶级家庭里的中间一辈。尽管他们决定是否购买轿车时往往首先满足自己的需求，但在他们决定具体购买哪款轿车时，则更多地考虑其他家人的需求。2009年我采访田先生的时候，他正打算给家里买车，但却就买哪一款车而与妻子发生争吵。妻子坚持要买一辆七人座的商务车，因为只有一辆大车才能同时搭载一家人，包括夫妻俩、他们的儿子和他们各自的父母。田先生开车已有多年，他仔细计算过一辆商务车比一辆轿车要贵多了。他强烈反对购买商务车："我们多久开车载齐全家出去一次？只有过农历新年这种重大节日的时候才需要。大多数时候都是我一个人开。"然而，田先生的妻子却不同意，她指出，如果他们有一辆大车，他们就能更经常地一起出去，比如去郊区尝试一下没吃过的餐馆或者一起去公路旅行。由于这对夫妇未能达成一致，购买轿车的计划被搁置。

在另一个故事中，2006年，工程师小何在"汽车之友"四处寻找紧凑型的轿车。小何曾在30岁出头的时候去伦敦留学一年。他偏爱小型轿车的部分原因是他在欧洲生活和旅行的经历，在那里，小型轿车无处不在。当我在经销商处向他展示不同型号时，他向我解释了他的偏好："我有几个姐妹。她们都有车，从家用车到多功能车，所以我不用考虑这辆车是否适合我爸妈。我想要一辆自己的车。我喜欢小型两厢车。"他更喜欢紧凑型的标致206，但并没有下定决心。2011年我再次见到他的时候，小何确实买了一辆两厢车，但却是体型更大的一辆，足以容纳他的家人，包括妻子、他们即将出世的孩子和他们的父母。经过多年的商量和争辩，他对个人自由的偏好最终屈服于家庭考量。小何的情况并非个案。当我在2007年采访仍然单身的年轻中产阶级专业人士时，很多人都说他们想要一辆属于自己的车，想要体验远离常规和束缚的自由感。因此，与整体驾驶体验相关的技术性特征很重要。几年后，当他们与他们的大家庭安顿下来时，车内空间和舒适度成为主要考虑的问题。对小何来说，轿车梦想已经实现，但需要在个人欲望和家庭需求之间做出妥协。

一旦一家人拥有了轿车，开车就成为家庭长途旅行的一种选择。每逢中国农历新年假期，火车票格外难买，因为铁路系统超负荷运转，现在这种买票难的情况甚至扩展到了飞机票。得益于近年来公路系统的大幅改善，一些中产家庭已经开始选择开车回乡度过这个重要的家庭假期。他们说汽油费比火车票便宜，而且他们可以避免在火车或飞机上争夺座位的压力。尽管如此，在他们的故事中，自己开车压力大、费用高，而且旅途常常令人不快。为了避免交通拥堵，这些家庭一大早就上路。撇开汽油价格不谈，加油站有时数量很少而且站与站之间相距甚远，这迫使司机仔细预估燃料并监控油箱。高速公路沿线的服务区通常设备简陋，而内陆地区旅行条件更差：服务区餐饮价格昂贵，提供的食物却看起来难以下咽，厕所设施与这些中产阶级家庭在封闭式社区和高层办公室中习惯的标准也相去甚远。人们经常要路过无数个收费站，支付可观的道路通行费，才能跑完六七个小时的车程到达目的地。在老家，他们去购物、外出吃饭或观光时也要开车，因为他们的大多数亲戚朋友都没有车。经过几天与家人和老朋友的高强度社交，他们驱车返回广州，第二天必须返回工作岗位。

毫无疑问，新兴的城市中产阶级自觉接受自我管理的理念并处在积极实践自我管理的前沿（Hoffman 2010；Zhang和Ong 2008）。然而，个人自主权与家庭价值观之间的关系并非全有或全无。正如萨巴·马哈茂德（Saba Mahmood）的雄辩：伦理学虽然有社会规范或价值观的考虑，但更多的是主体通过这些实践、技巧和话语来改变自己，以实现特定的存在、幸福或真理。真正的问题是新的物质生活提供了各种选择，在此情境下如何将作为抽象的道德原则的孝道转化为日常实践。对中产阶级家庭来说，代际纽带不是单纯建立在战略考虑之上，而是通过展示爱和现实关怀建立在紧密的日常互动中。

将重建家庭价值观作为一种治理策略

2013年7月1日，新修订的《中华人民共和国老年人权益保障法》生效。与旧版本一样，该法律承认需要从长期战略角度应对老龄化社会。虽然这部法律鼓励对老年人的社会支持，但也重新确立了家庭的中心地位和子女尽孝的必要性。个人及其配偶有义务以各种方式照顾父母。修订后的法律有一项新规定：与父母分开居住的人，应定期探望或问候老人。虽然法律没有规定对违法行为的处罚，但法院开始受理父母起诉子女并要求定期探视的案件。

新的法律条文在报纸、微博和其他形式的大众媒体上引起了争议。一些人认为政府为缺乏子女关注的老人提供法律支持是一个很好的举措。然而，也有不少人抱怨说，并不是不想回家探望父母，而是工作压力让他们无法回家。另外，"去看看你的父母"说起来容易，但谁来支付回家探亲费用？

在某种程度上，国家倡议的复兴孝道和其他儒家美德的运动可以看做是一种制度改革。父权制和家庭制度遭到猛烈抨击，而孝道无论从道义角度还是法律角度，都是父权制和家庭制度下的一大原则。正如阎云翔（2003）所观察到的，在国家的户籍制度和计划经济体制之下，流动性缺乏是制度性设计，但也使得特定的孝道实践在一定时期内得以延续。

改革开放后，市场化改革使个人成为受制于全球生产和消费链的流动劳动力。由于就业机会分配不平衡，年轻一代被东部和南部的大城市所吸引。流动性、严格的工作时间表和高昂的交通费用导致出现了越来越多看似不那么孝顺的孩子。

正是在这种背景下，国家正在寻求恢复孝道、家庭价值观和促进亲子关系（D. Davis 2014）。很大程度上，国家重新主张孝顺，是将护理老年人的责任从国家转移到家庭制度层面，在经历了几十年的计划生育政策之后，老龄化社会正快速成形，为了应对老龄化，需要重新将家庭建设为一个社会机构，而孝道是其中必不可少的部分。在全球范围内，重新关注孝道和家庭价值观可以被视为中国政府将国家建设为现代化大国的更宏大蓝图的一部分，而蓝图中作为现代化大国的中国应与美国等国家有所不同。为实现这一目标，政府在努力推动经济发展的同时，也积极寻求生产和输出中国价值观，即软实力。政府相信这些中国价值观能够拯救中国和世界（Callahan 2012）。

因此，政府采取了一系列行动来弘扬以孝为核心的中华文化和传统。《中华人民共和国老年人权益保障法》的修订就是这样一种努力。官方媒体邀请了研究《论语》的于丹博士等倡导复兴传统价值观的学者，为大众重新诠释儒家经典。更有国家支持的孔子学院在世界各地成立，以传播中国文化和价值观。

然而，虽然中产阶级专业人士孝顺，但政府倡议与个人主动性之间的关系既不是单向的因果关系，也不是简单的抵抗和服从（Ortner 1995）。

中产阶级强调，处理日常生活和工作需要耗费掉他们所有的时间和精力。对于官方的倡议，他们认为这只是宣传。当我与塞西莉亚和其他中产阶级受访者谈论上述关于养老的法律时，他们反对把孝道法律化。原因是所涉及的道德问题无法明确界定，将导致法律无法执行或无法始终如一地执行。

然而，尽管他们对这种倡议表示怀疑，这些城市中产阶级从不在总体上质疑家庭价值观。他们努力做孝顺的孩子和负责任的父母，在日常生活的物质条件下兼顾自己的喜好和家庭期望。他们承认，回老家探亲成本高昂，心理上也很疲惫，因为这涉及大量的开车、送礼、宴请以及与家人和远亲的密切互动。然而，越来越多的中产阶级家庭在传统假期中开车回家，尽管他们的本意并不是炫耀车。我问他们，既然回家探亲压力很大，他们为什么要这样做。许多人回答说："一家人就应该聚在一起。"

这些中产阶级车主认为，孝顺是一种美德，无论其职业背景如何，他们都会遵从这一美德。一个人"不孝顺"，通常是有原因的。我的受访者们对那些不能经常回家看望身处农村腹地的父母的人表示理解和同情，譬如家政服务从业人员和工厂流水线工人（Pun 2005）等人群没有带薪假期。探亲旅程费时费钱，公共假期又很难买到火车票。而且并不是所有的父母都能选择退休，也不是每个家庭都有足够大的房屋来容纳父母和他们成年的孩子。这些中产阶级专业人士知道，他们的物质资源和职业使他们处于较为优越的地位，让他们可以用与以轿车为中心的生活方式相关的办法尽孝。

他们对家庭伦理的承诺说明了做一个优秀的中国人和维护中国文化价值观意味着什么。

结　论

对留意自己言行的中产阶级来说，拥有自主权与对家庭负责任同等重要。同样，轿车既是身份的象征，也是个人自由的载体，还是协调家庭关系的物质媒介。通过解析以轿车为中心的中产阶级生活方式是如何嵌入家庭关系之中的，可以为有关现代性和治理的学术辩论中的部分关键问题提供一些洞见。家庭的形式和互动由一系列制度和话语力量塑造，并反向塑造这些力量，而这些力量不能被简化为工业化、城市化和随之而来的核心家庭的出现等单线叙事。

在改革开放后的中国，这部分应该是总人口中比较"现代"的人群——城市中产阶级——他们并没有简单地将核心家庭作为主要的家庭形式。相反，中产阶级家庭经历了周期性的规模收缩和扩张，核心家庭的模式仅在短时间内占主导地位。中国不断变化的社会环境是个体化进程背后的强大推动力；但矛盾的是，它也为将多代家庭团结在一起提供了强大的动力。

我并不是在说家庭价值观仅在中产阶级内存在。孝道作为典型的家庭纽带，可能会受到所有社会阶层的认可及遵从。但是在日常生活中的实践方面，可能各个阶级各有不同。在中国高度流动的劳动力市场中，在新的物质条件下，要想将抽象的家庭价值观转化为世俗的实践需面对重重挑战，而且必须经过协商。许多年轻人为了更好的人生机会而离开故土，将父母，有时甚至是自己的孩子留在了老家。虽然许多人在不健康的环境中工作并为生存而挣扎，但一些受过良好教育的人利用经济转型提供的机会成为中产阶级专业人士。国家主导的计划生育和新兴的育儿文化在家庭内部建立了紧密的情感纽带。中产阶级家庭内的相互照顾——包括身体上、经济上、道德上和情感上——既是一种选择，也是一种义务。反过来，家庭在经济和道德上使轿车与中产阶级的生活方式关系越来越密切。与家庭相关的问题上该如何行动，对城市专业人士来说很重要，因为涉及身份认同。同时，孝作为一种具有韧性的文化形态，在新的中产阶级物质文化中被赋予了新的含义，不再关注等级权威，更多地关注相互关爱。

　　某些文化形式有很强的接续力，文化形式上的互动对中产阶级文化和身份认同有进一步的影响。从期待国家养老的老一辈们的生活经历，到中产人士在竞争激烈的社会环境下小心翼翼的生活，从孝道的经典故事到自己为自己负责的意识形态，家庭期望和义务中充斥着冲突和模棱两可。前文提到的工程师邵敬曾经告诉我："如果我有车，我就必须当司机，开车载着我父母和岳父母到处跑。那我宁愿没有车。"5年后，他买了一辆大车，后座有足够的腿部空间供他的父母和岳父母使用。孝道是国家政策和个人自觉的结果。城市中产阶级正在重塑传统的家庭关系和价值观。在这一过程中，中产阶级不仅创造了一个想象中的中产阶级社区，而且还创造了我们心目中的中国式价值观和实践。

第三章

新兴中产阶级与轿车市场

流动与轨迹

在2006年10月，一个阳光明媚的星期六下午，我去"汽车之友"——主要销售标致汽车的经销商那里面试。当时，新闻报道、商业分析报告和统计都表明中国正在经历一股购买轿车的热潮，市民纷纷挤进汽车经销店购车。为了我的轿车消费研究，我为我或许能在一家汽车经销商工作感到非常兴奋。但当我最终站在"汽车之友"公司面前，我却犹豫了。这所经销商的门市很安静。有几个汽车修理工在修理一辆汽车。展厅里的销售人员不是在闲聊，就是在看杂志。在我视线范围内，没有一个顾客在看车。

"汽车之友"的老板黄总和副总经理康先生一同在宽敞的总经理办公室迎接我。黄总是一个高挑干练的女人，年龄四五十岁。康经理则40多岁。在自我介绍之后，我告诉他们我的研究计划是关于轿车消费和社会变迁之间的关系。黄总静静地看了一会儿我的简历，说道："你应该研究一些更有趣的课题，一个可以产生实际经济回报的课题。那样的研究才能帮你在未来找到一份工作。"虽然我详细解释了潜在的商业利益不是我的研究重点，但是黄总和康经理始终认为我的研究问题没有实际价值。他们认为任何有价值的研究课题都应该与轿车的实际销售和购买挂上钩。

在接下来的面试中，黄总和康经理有点激动地告诉我应该去研究什么样的问题，以"4S店"模式为例，比如现行的4S店模式是否对中国的轿车市场有利。当时我并不知道"4S"中的4个S——销售（sale）、零配件（spare parts）、售后服务（service）、信息反馈（survey）——分别代表什么。他们一直不停地说，我也没办法插话。如此半小时后，我觉得实习应该无望了，却听到黄总突然问道："既然我们不用给你钱，你在这里做实习也不碍事。你想要什么时候开始呢？"

这次有点令人困惑的面试开启了我从2006年10月持续到2007年2月在"汽车之友"的实习。此后，我对其中一些关键人物进行了跟踪采访，持续到2015年结束。久而久之，我终于理解了实习面试时黄总的焦虑和困惑，这些情绪反映了小型经销商在快速增长的轿车市场中面临的一系列挑战。轿车市场的增长常被视为中国改革开放的成果。正如张鹂和王爱华（Aihwa Ong）的研究表明（2008），改革开放通过一系列措施，激发了市场的力量和个体创业精神。这同时创造了具有相当大消费能力的中产阶级。然而，正在经历转型过程的个体和机构本身并不清楚他们行动所指的方向。往往只有在回顾时，社会转型的方向才会变得清晰可见。改革开放的宏大叙事可能忽略了前一个时代遗留的影响，忽略了现实中持续的不确定性。种种不确定性可能使得不同的个体产生与改革的宏大叙事不同的看法。

为了捕捉当中的复杂性、偶然性和动态性，我通过"汽车之友"的店主和两位经理的生命纪事来讲述轿车市场的转型和中产阶级的崛起。我主要根据我和他们之间的对话，与他们和其他员工一起工作的过程，我的观察以及统计年鉴、新闻报道、法律和政策来重构这些生命纪事。这些生命纪事呈现了政策与个人实践之间的相互作用及其影响。通过这些生命纪事我想强调两个观点，这两个观点不仅补充了现有文献，而且对理解中国改革开放时代转型至关重要。第一，旧的计划经济体制在调配轿车市场的实际操作和新兴中产阶级的向上流动方面发挥了与新经济政策同样重要的作用。在这个过程中，新旧元素和实践以微妙的方式重新组合，并调整个体之间的关系、策略和博弈。第二，通过机动车体制和中产阶级崛起的轨迹，我们可以看出，在关于改革的宏大叙事与有志创业的个体关于空间的看法之间存在着差异。从宏观层面看，改革开放时代似乎在经济领域是被一种中国特色的新秩序所定义。

从贸易公司到经销商

"汽车之友"的老板黄总来自中国北方的一个中型城市。她去北京读大学，学习法语。黄总是20世纪70年代末恢复高等教育后中国最早的一批大学生。那个时候上大学非常困难，但是一旦被录取了，学费是全免的。国家甚至会提供一笔津贴，虽然数额微薄，但足以支付大多数学生的基本生活所需。毕业后的大学生接受国家分配，到不同城市的不同单位任职。

1985年，中国最早的三大汽车合资企业之一的广州标致在广东省的省会广州成立（更多关于广州标致的细节部分详见本书序言）。由于黄总的语言能力，她被分配到这家合资企业的工厂，帮助增强法国管理层与其中国合作伙伴之间的沟通。正是在这个职位上，黄总与法国标致、法国领事馆人员和当地商业伙伴建立了良好的人际关系。法国标致在20世纪90年代中期退出了广州标致，但所有已经售出的"广州标致汽车"仍然需要备件和维护。凭借之前的关系，黄总和她的商业伙伴在20世纪90年代后期创办了一家贸易公司，进口法国标致的轿车备件。

20世纪整个90年代，中国政府对对外贸易的控制一直非常谨慎，并通过发放进出口许可证、设置高关税、设定进口配额等措施来保护国内市场。这些措施要求贸易公司申请进出口许可证和配额。国内生产者和消费者需要依靠这些贸易公司来得到进口商品，外国公司依靠它们进入中国市场。对外贸易在当时是一项利润很高的生意。

黄总的配件生意非常成功，因此她和合作伙伴很快将业务扩展到整车进口。贸易公司销售汽车的方式与后来为大众所熟悉的经销商销售汽车的方式是非常不同的。在2000年和2001年，黄总的贸易公司只有一个办公室，里面只有黄总、她的合伙人和助手们——其中部分人后来继续在"汽车之友"任职，助手主要负责文书工作：处理和交付有关的销售、付款、运输和清关文件。公司里没有展厅、维修店和销售人员，更不用说汽车修理工了。当轿车抵达中国时，它们被存放在市政府为鼓励对外贸易而设立的免税区车库中。黄总的公司只有在把轿车卖出、收齐货款，再把轿车移出免税区之后才会支付关税。21世纪初是黄总事业的鼎盛时期。据几位长期员工介绍，黄总在当时的标致轿车市场上几乎没有竞争对手。全国许多本土轿车经销商不得不从黄总设置在各个城市的办事处购买标致轿车。

　　黄总的贸易业务表现良好，同时她察觉到私营企业对轿车的需求正日益增长，因此决定尝试不同的商业模式。2002年左右，黄总和她的商业伙伴在广州南郊设立了标致经销商"汽车园地（Auto-Land）"。"汽车园地"配有1600平方米的展厅和3000平方米的车库。黄总负责销售，她的业务伙伴则负责汽车维修。"汽车园地"迅速增长的销售量让黄总相信，做经销商是有前景的。2003年，她扩大了她的经销业务，在天河区的一个汽车城开设了一家新经销店。天河区是一个拥有购物中心、高层写字楼和中产阶级封闭式小区的新兴城区。在市政府的部署下，天河区成为经销商、车库和其他汽车商店的集中地。黄总和她的合伙人最初建立这家新经销公司是为了销售第一辆中国（国内）设计和生产的吉利双座四轮轿车"美人豹"。但据"汽车之友"王经理介

绍，这款双座四轮轿车做工很差，车主需经常返修，以至于店里
变得更像一个修车厂而不是经销商。最后黄总回归到标致系轿车
并将经销公司命名为"汽车之友"。与同时期的许多其他标致经
销商不同，"汽车园地"和"汽车之友"透过黄总手下贸易公司
的渠道得以同时销售国产和进口全组装的标致轿车以及进口轿车
备件。

　　表面上黄总的生意很好，内里却是暗波汹涌。在2001年，中
国加入了世界贸易组织。自此之后，外国汽车制造商在选择本地
合作伙伴和建立合资企业生产乘用车方面获得了更大的自由。同
时进口汽车关税被大幅降低，也取消了进口配额。上述这些变化
总体上重塑了轿车市场，但对黄总的业务产生直接冲击的政策当
属免税区的终止。

　　汽车制造商也出现了变化。在2002年，标致公司自广州撤出
10年后重返中国。这一次它选择与当时总部位于湖北省十堰市的
中国"三大"汽车制造商之一的东风汽车合作（更多相关信息在
本书序言中有所呈现）。自2004年开始，国产东风标致轿车及部
分零部件的生产削弱了黄总的轿车进口业务。

　　2003年，"汽车之友"拿下了标致进口原装车的华南地区
经销权，覆盖广东、福建等南方省份。尽管北京市的汽车经销向
两个公司都开放，但"汽车之友"却无法进入中国最富裕的地区
之一——上海和长三角地区。在几年的时间之内，"汽车之友"
进口法国标致轿车的销售版图进一步收缩到广州市。在我实习期

间，"汽车之友"向一位从相邻的福建省远道而来的买家出售了一辆进口跑车。还没等买家把新车开回到家，福建当地的一家经销商就已经向标致的销售管理公司投诉"汽车之友"越界进入福建的销售区域。有鉴于此，标致销售管理公司要求"汽车之友"将此次交易的利润上缴，作为对违规行为的惩罚。黄总和她的经理们对此火冒三丈："如果客户大老远跑过来买我们的车，我们该怎么办？告诉他们'不可以，先生，你必须回到你家那边买'这样才对吗？"

2005年春季的一项法律变更进一步削弱了黄总与汽车制造商议价的能力。根据新规定，[1]一家外国汽车制造商需要一家在中国注册的公司负责组织和管理带有其品牌名称的国产车和进口轿车的经销商网络。据政府官员称，新规定明确了不同级别授权的法律责任，使得制造商具有监督经销商的能力，并告知客户哪些经销商对他们购买的轿车负责。[2]为了遵守新规定，法国标致成立了一家新公司并聘请了很多新员工。根据黄总的说法，这些新员工就是"以前和标致打交道的那些人"。

新规定以经销商的议价能力为代价，给予制造商更大的权力。在新规出台之前，黄总可直接与法国制造商就轿车价格、车型和目标销量进行谈判。她和手下的副经理还可以选择在当地有进口优惠政策的码头卸货，以此降低成本。然而，根据新规定，负责销售的新公司将拍板决定向全国所有标致经销商供应哪些车型和相应价格。它还对个别经销商制订了最低销售目标，并一手安排进口轿车的运输事宜。这一变化让黄总失去了很多控制进口成本的空间。

经销商对国产轿车的销售则面临一系列不同于进口轿车的挑战。当中的一个关键问题就是黄总在实习面试中敦促我学习的4S经销商模式。4S经销商经营权是指直接从轿车制造商获得销售特定品牌轿车的授权。[3]此一类经销商授权不仅负责销售轿车,还要提供售后服务(包括备用件供应、汽车清洁、定期保养和维修)以及其他营销活动,例如开展客户调查和组织自驾游(详情见第一章)。4S经销店可以将轿车卖给其他二级经销商,但二级经销商无法直接从汽车制造商取得车辆。只有向最终用户和二级经销商销售的轿车数量达到汽车制造商设定的年度整车销售目标之后,处在经销商结构最上层的4S经销商才可以从汽车制造商那里按照销售轿车总价的某个百分比获得回扣。

广州本田于1999年首次引入这种运营模式来管理其旗下的授权经销商(Yao和Han 2008)。设立4S经销店很快成为全国各大品牌的标准做法,东风标致也随之建立了自己的4S网络。4S经销店是标准化经营的产物。从经销商规模到店面内部设计,汽车制造商为其4S经销商设定了种种标准。东风标致的经销商通常被称为"蓝盒子",因为它们的内部和外部都是标志性的蓝色。经销商模式对经销商的资金要求很高:经销商不仅需要投入大量资金按照统一标准建设和装修4S店,还要向汽车制造商交付定金。根据我在田野调查中听到的流言,一些日本汽车制造商要求经销商提供数百万人民币的定金。无论这个说法是真是假，众所周知，在2005年到2010年期间，一家4S店的初期投资超过100万元人民币。

黄总不认为4S经销商模式能实现个体经销商的最大利益。4S经销商除了必须满足汽车制造商规定的年销售额并遵循汽车制造商的通用营销手段，还必须按照汽车制造商的策略去谋求生存，而不允许黄总按自主制定的策略行事，这一点也让她感到不舒服。这可能是驱使黄总将她在"汽车园地"的股份出售给合作伙伴的原因之一。她的合作伙伴将"汽车园地"转变为东风标致汽车的4S经销商。在我实习的时候，"汽车之友"是黄总唯一拥有的轿车经销店，既是东风标致的二级经销商，也是进口标致的一级经销商。"汽车园地"和"汽车之友"保持合作关系："汽车之友"向"汽车园地"购买东风标致轿车，而"汽车园地"则从"汽车之友"处获取进口标致汽车。因为两家公司是通过向彼此出售轿车来获利，所以他们之间也会有冲突。黄总还保留着她的贸易公司，其办公室实际上坐落在"汽车之友"里。贸易公司和经销店共用几个员工，例如负责两边业务物流的宁经理。

将黄总的经历拼凑起来，我逐渐明白了为什么她在我的采访中表现出对4S经销店模式又爱又恨的情绪。一名早在黄总开办贸易公司时期便作为助手追随她的前员工告诉我："轿车业务自从2000年以来一直在走下坡。从那时起，轿车销售就变得困难了。"本地经销商面临着激烈的竞争，一方面要应对寻求在中国不断增长的轿车市场中将利润最大化的大型跨国公司，同时还要应对那些能够进入分销渠道、获取银行贷款和行业相关信息的势力。这名前员工最终选择离开"汽车之友"转而从事不同的行业。对20世纪70年代末至90年代初就开始从事轿车行业的许多人来说，轿车市场蓬勃发展似乎并不是一件好事，尤其对卢经理来说是这样。

从干部到推销员

卢经理和负责物流的宁经理一起主管"汽车之友"的销售部。卢经理比黄总小10岁左右，在一个南方省份长大。20世纪90年代初大学毕业后，卢经理和黄总一样被分配到广州一家专门从事轿车分销的国有物资公司工作。受过大学教育的卢经理刚参加工作的时候就是工作单位的干部。[4]

直到20世纪90年代中期，乘用车仍然是"国家控制的商品"（更多细节详见序言）。轿车在配额制度下通过物资公司进行分配，物资公司是中央计划经济体制下管理商品分配的关键机构。[5]轿车配额只分配给政府机关、国有企业和医院等其他组织，不分配给个人。用来记录配额的纸张被称为批条。政府决定了向谁提供配额，物资公司则给特定机构签署批条，然后这些机构才可以向汽车制造商获取轿车。卢经理告诉我，没有物资公司的批条，交警部门不会为轿车注册，也不会发牌照。

在20世纪70年代末至90年代初，轿车生产是缓慢的。举例来说，1995年全国生产的乘用车总数约为32.5万辆，低于广州本田2010年的年产量（36万辆）。机关单位通常愿意支付更多的钱，有时甚至是标价的两倍来买一辆车。机关单位在20世纪80年代就已经通过物资公司以正式的手段买卖轿车配额和批条。[6]有中介靠交易这些配额和批条营生。据卢经理说，在90年代中期一个配额会以5万元人民币或更高的价格出售，[7]这相当于标配桑塔纳价格的三分之一到一半。桑塔纳是在90年代中后期极少数在中国生产的车型之一。[8]

卢经理在这家物资公司的工作是按照政府规定和指令填写批条。他在没有亲眼看到任何一辆轿车的情况下坐在办公室里签发了数千辆轿车销售批条。他从未担心过自身与生产者或消费者的关系。虽然90年代中后期城市居民的平均工资很低，但卢经理还是在一个早期私人房地产商开发的封闭式小区买到了一套房。他的儿子出生在小区内的私立医院，这家医院被誉为该地区设备最齐全的医院。他的妻子是全职主妇，留在家里照顾他们的儿子和家人。虽然小区离市中心很远，但卢经理还是开着物资公司给他配备的自用轿车通勤。在周末，他还可以开车外出进行休闲活动，例如带上双筒望远镜去公路上观鸟。

在20世纪90年代中后期，像黄总这样的经销商和汽车贸易公司相继兴起，成为汽车制造商和用户之间的主要渠道。随着市场经济逐渐取代计划经济，物资公司逐渐淡出人们的视线

（Naughton 2007）。有一些物资公司设法转型为从事各种业务的公司，但是卢经理所在的物资公司破产了。[9]

得益于在物资公司工作中建立的关系网，卢经理成为"汽车之友"的销售经理，带领一个团队。他和家人搬到了"汽车之友"所在的新商务中心区。虽然他的新家仍然在一个中档的小区，但卢经理的生活方式已大幅改变。他不再开车上班，也不再周末郊游。早上，他搭乘公共汽车去上班。晚上，他常常花30分钟左右的时间步行回家。中午，如果他不需要招待客户，他会从修理工和销售代表们吃午饭的街头小贩那里订外卖。除了在"汽车之友"的工作之外，他还计划投资茶叶和古董等生意。

就工作场所而言，"汽车之友"是与物资公司完全不同的世界。最大的不同是卢经理必须与不同的人打交道。在以前，有兴趣的买家会主动接近卢经理，并愿意为拿到批条耐心等待很长时间。如今的情况反了过来，卢经理经常不得不调动所有的耐心去应付会对轿车价格货比三家的中产客户。许多客户会因为对轿车或服务感到不满意，甚至因为在展厅中无法看到他们想要的车型的现货等原因，直接转身去另一家4S店。[10]卢经理得学会与客户交谈、讨价还价，还要跟他们搞好关系。与此同时，应付苛刻的汽车制造商和其他经销商也是他的工作内容。

在物资公司大行其道的时代，无论是什么牌子的轿车销路都很好。如今要求卢经理销售标致轿车，却成了一桩苦差事。与日本车和德国车不同，"汽车之友"的每一个人都说标致对当地潜在的轿车购买者并没有特别的吸引力。虽然这座城市曾经有过一家标致工厂，但本地的中产消费者对这个品牌并没有特别的感情。黄总和王经理告诉我，很多人对广州标致轿车印象不好是因为标致第一次合资时引进的车型太过时。一些老客户会回想起广州标致轿车出过的问题。例如，散热系统无法很好地运行，导致发动机过热。驾驶者不得不等待过热的轿车冷却下来，然后才能重新启动。即使广州标致已经成为历史，东风标致也已经生产出不同的车型，标致似乎仍然无法摆脱之前的负面形象。

除了历史问题，卢经理和他的团队还抱怨说标致总公司对销售几乎没有提供帮助。尽管美国汽车制造商是中国市场的后来者，但美国汽车公司的广告数量远远超过标致。标致的广告还喜欢推销法国文化和生活方式，但卢经理和他的团队形容标致轿车广告的背景音乐《花之二重唱》（*Sous le dôme épais*）是"鬼在尖叫"。他们说中国客户似乎不关心标致广告中的文化元素。一位销售代表曾经告诉我："他们来这里是买车的，而不是来买文化的。"

为了适应新的经济形势，卢经理比销售团队中的任何人都更努力工作，四处奔波推销轿车，努力为"汽车之友"创收。他推出"送货上门"服务：他本人或他手下销售团队的员工会免费将进口轿车送到客户处。卢经理向我解释说，这样送货是为客户提供个性化的服务，并可以加强客户与经销商之间的关系。当客户在珠江三角洲地区时，卢经理的送货服务甚至可以帮客户省钱，因为根据卢经理的说法，油费和通行费加起来比通过物流公司配送轿车的花费便宜。

尽管不知道这样的送货服务是否可以降低成本，但卢经理利用送货上门来寻找其他商机。有一次我和他一起出差送货。卢经理开着一辆全新的进口双门轿车来到广州附近的工业城市东莞，"汽车之友"的司机兼杂工阿方开着公司的服务车过来接应。轿车按计划交付给客户。在这之后我们三人没有回公司，卢经理让阿方送我们去东莞市中心的一家豪华轿车4S店。卢经理让我和阿方在车里等候，他独自走进了经销店。当卢经理出来之后，他成功说了里面的一个轿车推销员，把当地的一个工厂老板介绍给我们。原来卢经理想向工厂老板推销支持全球定位系统（GPS）的防盗系统。这位工厂老板有一支提供私人和商业服务的车队。防盗系统是经过卢经理同意后在"汽车之友"出售的众多轿车产品之一。其他产品包括可以安装在座椅靠背上并可以订阅频道的电视机。"汽车之友"承诺会按一定比例支付卢经理利润或固定佣金。

与此同时，卢经理也乐于探索正在兴起的珠江三角洲地区的租车市场。有别于2015年前后，2006年在广州租车既不方便，价格又昂贵。租车公司通常提供两种类型的租车：只租轿车，或在租的同时配备司机。对于普通轿车租赁，客户需要提供户籍信息、居民身份证并缴纳高额押金。虽然带司机的轿车租赁是免押金的，但客户必须在缴纳租金和司机费用之外承担旅途中司机的食宿开支。卢经理针对往来于几座城市之间的商人制定了一个商业计划。据卢经理说，这些人在他们居住或工作的地方都有车，但他们到其他地方出差时需要租车。在他的商业蓝图中，计划只使用奥迪轿车，聘请司机，并在全国主要机场设立接送点。卢经理制定了三年的发展规划，计划配置20辆左右的奥迪A6，并打算在珠三角的广州、东莞、珠海三个城市提供服务。

当卢经理正在为各种创业奋力拼搏之时，他有时会以怀念的口吻提及物资公司和他以前的工作。他回忆过去时，告诉我他喜欢大公司的经营方式："他们可以轻轻松松花上几百万，而大公司的人也懒得为一两万讨价还价。"在卢经理看来，大企业和有钱人"就是爽快，不计较"。与之相反，"现在的人讨价还价半天，就为了降价1000块。穷人才会盯着他们花的每一分钱"。所以，"从富人那里赚钱比从穷人那里赚钱容易得多"。在我们的对话中，卢经理似乎不愿承认这些被他称为"穷人"的精打细算的中产阶级消费者才是推动轿车销售的主要力量。

对于卢经理除了销售标致轿车之外的大部分尝试，只要能带来现金并增加整体销售额的业务，黄总虽然表现冷淡但也愿意接受。然而卢经理的许多尝试最后都没有成功。在我实习期间，随着利润空间不断缩小，卢经理的外送服务订单也逐步减少。我也从未目睹过防盗系统或车载电视机有哪怕一单的成功交易。毕竟城里所有的出租车都已经配有电视显示器了，用卢经理手下销售代表的说法——"谁会希望自己的私家车像出租一样呢？"他的租车项目也从未真正付诸实施。在这期间，租车公司如雨后春笋般涌现，为不同层次的消费者量身定制便捷租车服务。2021年夏天，卢经理离开了"汽车之友"。

从捡麦穗到经营百万美元营业额的业务

王经理和黄总是同一代人。王经理生长在中国南部一个大家庭。上小学的时候，王经理和兄弟姐妹们课余会在地里捡麦穗，以此来为家庭带来额外的收入。他本想在大学里学医，但被分配到广州的一所专业学校学习汽车机械。

王经理在学校的最后一年恰好是广州标致成立的那一年，轿车市场供不应求。[11]根据王经理的回忆，在80年代，即使是有配额，机关单位仍要用美元支付购买标致轿车价格的一半费用，另一半用人民币付款。在毕业的那天，一辆大巴将王经理和他的同学直接带到广州标致的工厂，他们在那里得到了人生中的第一份工作。新单位为王经理和其他年轻同事提供宿舍，那时他们都是单身的大学毕业生。他们一起工作也一起游乐。当中一部分人成了老朋友，后来还结成商业伙伴。

有别于黄经理当年的主要工作是促进公司内部的沟通，王经理的职业生涯是从流水线开始的。在王经理的口中，标致的轿车在速度、稳定性和安全性方面都优于大众轿车。因此，公务部门都偏爱标致的车。标致和大众的确都没有将他们最先进的技术带

到中国。他们的合资车从一开始就出了一系列问题。但对王经理
来说，在广州标致工作是一个难得的机会。他可以从中获得有关
汽车和备件的技术方面扎实的知识，并在轿车的商业世界中建立
自己的人脉。

经过一段时间的实践培训后，王经理和他的同学——少数受
过高等教育的中国员工——被提拔到管理职位。在物流成为王经
理的主管业务之前，他时不时需要运送轿车。他告诉我，他把送
货当作公路旅行。有一次，他花了超过一个星期的时间从广州沿
海岸开车到福建送货。单位给他准备了回程的机票，这在当时是
和社会地位挂钩的一种特权。因为有这样的经历，王经理对卢经
理开展的"送货上门"服务兴味索然。他说这是卢经理从过去学
的老把戏。王经理对中产阶级日益流行的自驾游也不感兴趣（见
第一章），因为他在"很多年前马路上还没有那么多车的时候就
这么干过了"。事后看来，这些公路旅行不仅仅是旅游的机会，
还为王经理建立了广泛的人脉，在很久以后才显出其用处。

在20世纪90年代中期，虽然广州标致倒闭，但王经理和他的
同事从中得到可观的补偿。这笔钱再加上他们积攒的人脉使他们
得以继续从事轿车业务。他们成立了一家公司，取得奇瑞QQ轿车
的4S级经销商权利。这是一款由新兴中国汽车制造商奇瑞汽车生
产的最便宜的紧凑型轿车。随着业务的不断扩大，黄总邀请王经
理加入"汽车之友"的售后部门，负责轿车维修和保养，还需要
及时更新"汽车之友"的客户记录。王经理早在广州标致时代就

认识了黄总。

　　然而黄总和王经理之间的友谊并没有改善王经理和其他"汽车之友"员工的关系，一部分原因是王经理的态度。王经理对自己的汽车技术和知识有高度自信。在他看来，店面里的大部分员工对汽车的了解并不多。王经理还告诉我他喜欢读书，尤其喜欢阅读哲学和诗歌。他会重温在广州标致宿舍与其他单身同事分享诗歌、读书心得的快乐时光。在他看来，"汽车之友"许多同事一直在谈钱是非常掉价的行为。他也没有向同事们隐瞒他的这一想法。像汽车修理工这一类"下层"员工会觉得他很自大。而像卢经理和宁经理等级别相当的员工则会觉得王经理很矫情，他们除了工作之外和他没有共同话题。

　　王经理的人缘差也源于与轿车市场变化带来的结构性张力。具体而言，这是因为整车销售和汽车维修之间存在矛盾冲突。如上文所述，因为国家政策的要求，无论是从事进口车还是国产车的销售都对现金有很高的需求，并且高度受到汽车制造商的制约。与此同时，汽车制造商之间日趋激烈的竞争导致经销商的单位利润下降。这种情况尤其对有充足现金流的经销商有利，能保证收入稳定。在中国的语境下，有充足现金流的经销商通常指的是容易获得银行贷款的国营经销商。

　　"汽车之友"不属于那些被看好的经销商的行列：它是一家私营企业，很难获得银行贷款。在我实习期间，公司会迟发工资。工资发放延误的时间从5天到10天不等。为了应对现金流的困难，"汽车之友"需要卖更多的车，尤其是进口车。有一件事可以说明"汽车之友"在整车销售方面遇到的困难：2006年年底，法国标致向经销商宣布，有一系列尚未在中国落地生产的六人座乘用车到货。进口车的毛利润率是高于国产车的。于是卢经理和宁经理立马催促销售团队打电话给老客户和潜在的客户通知他们有新车型可买——每个销售代表都有一张自己的客户名单。潜在的买家表现出兴趣，但他们希望在购买之前都先看一眼真车。虽然这听起来像是"汽车之友"的一个好机会，但黄总和其他经理对提前下订单犹豫不决，因为这样做需要预先支付大笔现金。就在黄总和经理们还在继续商议的时候，另一家新开的标致4S经销商当机立断下订单将新车尽快送到展厅来。这个竞争对手是一家现金流充裕的国有企业，是从一家过去的物资公司转型而来的。就在黄总在2月份终于下定决心，用她从朋友那里借来的钱订购了新车的时候，手下的销售代表们表示，他们的部分潜在客户已经转投竞争对手那边了。

与整车销售部门不同，王经理和他的售后部门面临的限制要少得多。"汽车之友"的整车销售有地域限制，但维修、保养和备件销售业务则没有。客户必须付了款才能取回修好的车。所以王经理不用处理客户欠款，不用像卢经理那样时不时要催一些客户付款。在经销商行业内部，售后部门从汽车销量的增长中受益最大。车主通常不会频繁更换汽车，但他们的汽车一直都需要保养和维修。从"汽车之友"买汽车的客户经常回来做保养。"汽车之友"是标致经销商，所以卢经理和他的团队理论上不能销售标致之外的轿车。但王经理和他的团队却可以维修标致以外其他品牌的轿车。黄总不介意有额外的收入，汽车制造商并没有实际监督"汽车之友"的这一部分业务。因此王经理和他的维修部门为公司带来持续稳定的收入。

同时，销售部门不得不使用售后部门的服务。在每辆轿车交付给客户前，销售代表都会将轿车送到售后部门的汽车修理处做检查，然后撕下保护膜，打蜡。如果在交付货物之前发生意外和其他变故，销售团队还需要新的备件和汽车修理工来修理车辆（参见第四章）。作为售后部的经理，王经理有权影响和决定向销售部门的同事提供服务的时间、价格和质量。但王经理并不总是优先处理销售部门的要求。卢经理虽然对此不满意不高兴，但他还是需要王经理合作帮助。

王经理知道他的同事和他手下的汽车修理工团队对他的看法。于是在2007年春节后，王经理离开了"汽车之友"，回到他自己的公司，主持维修部的工作。他向我解释说他必须"去处理一些事情"。但是当我在2008年夏天再去拜访他的时候，王经理又变回"汽车之友"售后部的负责人。从2010年以来他就一直负责标致轿车的进口备件销售。

我曾经问过王经理为什么宁愿帮别人打工而不自己去当老板。王经理会强调黄总"就像老朋友一样"邀请他而他接受邀约也是"给老朋友帮个忙"。他有时会批评黄总的商业决策，以及她缺乏做大生意需要的远见和冒险精神。但在其他场合，他也曾高度称赞黄总是有国际思维、企业家精神和人脉广泛的商人。在公司里黄总和王经理是好搭档。黄总会满世界到处飞，去寻找机会谈生意、降低进口成本和开拓新渠道。王经理早期在广州标致时代建立起了广泛的轿车客户和经销商人脉，在两到三名销售人员的帮助下，他稳定完成由法国标致公司设定的逐年增加的销售指标。在2014年，由于房地产租金上涨太快，黄总将"汽车之友"搬到远离市中心的工业新区。包括黄总的长期助手宁经理在内的很多员工因此都选择离职，但王经理留了下来。虽然王经理已经从事汽车工业几十年，他在2015年的谈话中却告诉我："汽车工业很无聊。"现在大型汽车制造商主宰市场，像黄总这样的个人企业的生存空间正在缩小。他多次说到，"这个世界是很大的，你需要看到这个小地方以外的地方"。在2015年前后，凭借多年在汽车工业积累的资金，王经理开始在房地产行业寻找新机会。他计划在他的家乡建一家旅馆。在旅馆的顶楼是一家装修"有品位"的咖啡馆，"适合朋友聚会和聊聊文学"。

结　论

虽然"汽车之友"面临上述的所有挑战，在我完成这篇手稿时，它仍然在轿车市场上活跃。黄总的生活依然忙碌，她四处奔波继续为她的经销商生意寻找新的机会。王经理的旅馆大楼已动工。我不知道卢经理去了哪里。如今关于中产崛起的文献往往都谈到中产者有种自我管理、为自己负责的精神，这一点在三人的故事都有着充分体现。然而，像工作内容、结构性变化、时机等不可控因素也改变了他们的生活轨迹。无论是向上还是向下的流动都是真实的生活体验。

中产阶级内部异质性很高，往往可以被描述但无法被定义。本文中的几位出场人物在很多方面都有别于庄思博（2013）、张鹂（2010）和其他学者（例如，Ren 2013；Tomba 2004, 2009；Tsang 2014）民族志中描绘的中产人士。然而，虽然每个人都具有特殊性，每个人经历都不一样，这三个人物和我的其他许多受访者在生活轨迹上还是有一些相似的地方的。这些相似之处表明，在新兴中产的某一群体中的个体具有一些相似的社会流动模式。

这一群体大多出生在20世纪60年代到80年代初之间。他们来自全国不同地区并拥有不同的家庭背景。他们步入成年之时，恰逢经济改革启动之初而计划经济仍然是中央政府组织社会经济秩序的主要方式，那时虽然个人收入普遍偏低，但家庭之间的收入差距很小。我的许多受访者都是他们家庭里的第一代大学生。那时候不需要缴纳学费，而政府津贴还可以帮助家庭减轻大学教育支出的负担。[12]

接受大学教育有一个重要的好处：它为年轻人提供在20世纪

90年代前被严格的户籍制度所限制的流动性。[13]大学生的户籍会从老家迁移到大学所在的城市，然后再迁移到分配工作的城市。通过这种迁移，一个人被官方认定的农村户口——如王经理的情况——可以转变为城市户口。在过去和现在，这种身份的变化通常被认为是社会地位的提升。

直到20世纪90年代初，中国大学的录取率都很低。大学生通常无法选择学习什么科目或毕业后在哪里工作。然而，大学学历通常可以保证他们在政府、政府直属单位或国有企业中找到稳定的工作。我的许多受访者是在80年代中期至90年代期间参加工作，当时社会正在实行双轨制经济，整体计划经济和部分市场经济并存。无论他们是留在原来的工作单位还是后来转行到私营单位工作，他们在社会主义福利制度和计划经济中积累的教育资源、人脉、财富和工作经验都帮助他们抓住了改革开放实践带来的机会，并不断重新适应超出他们控制的不可预测的变化。

现有文献倾向于关注国家引入市场机制所创造的新机会和实践。但我的许多受访者都指出旧有制度在他们的人生历程中起到的塑造作用。在我的田野调查中，"汽车之友"的发展轨迹展示了类似的复杂性。中央政府将汽车工业定为20世纪80年代以来为数不多的推动经济增长的支柱产业之一。然而正如序言所言，政府在发展汽车工业的具体措施上反复不定，它对私家车拥有权的态度充其量只能说是模棱两可，而这种态度贯穿了整个80年代。

中央和地方政府向外国汽车制造商寻求资金和技术。然而，对个人和机构参与者来说，如何在市场经济中做生意都是新鲜事物，他们在与外国资本合作的过程中学会了如何与之谈判。在与外国资本、国内企业家和新的消费大众打交道时，政府往往同时依赖从全球实践中学到的新规矩（例如世界贸易组织协议中规定的规则）和计划经济时代留下来的管控市场参与者的老办法。后者的极好例证便是在黄总的故事中提到的，政府要求必须设立一家管理公司来控制外资汽车制造商，而且这家公司还必须位于经销商等级序列的最上端。这条政策遵循的是垂直组织关系的行政模式（Barry、Osborne和Rose 1996；Joyce 2003）。

银行贷款的案例也说明了新老办法的混合杂糅。现在的银行提供一系列服务，比如在教育和住房领域提供从信用卡到私人贷款等各种服务，这在20世纪70年代末以前甚至20世纪90年代以前都是无法想象的事。然而在我实习期间，"汽车之友"关于现金流的挣扎，很大程度上是源于私营企业很难从主导银行业的国有银行处获得贷款。国有银行偏爱贷款给国有企业是因为他们相信政府将为它们向国有企业提供的贷款提供最终担保，我在银行业工作的受访者欣然承认这种情况。换言之，20世纪70年代末以前就形成的政府与国有企业之间的关系根深蒂固，在新时代继续存在，并限制了私营企业家自发成长的空间。

本章通过对"汽车之友"发展轨迹的呈现表明，如何开展私营经济，没有单一模式，而往往由特定时期的社会背景决定。这与庄思博对公共财产私有化案例的细致研究遥相呼应。"国有资产转移到私人手中"，庄思博表示，"在很大程度上遵循了基于亲属关系、等级制度和受人际关系中道德理想感召的道德经济的指引"。我的观点跟斯蒂芬·科利尔（Stephen Collier）、王爱华与其他学者（Collier 2009；Ong和Collier 2005；Rose 1999）的研究成果相似，即汽车大国和中产阶级崛起的现象表明，一种单一或具主导性的逻辑，无法完全解释由复杂的现实所构成的所谓"改革"。除了现有关于改革开放时期转型的著作所展示的混合性之外，我认为可以更多地强调具体政策的实验性和偶然性，而不是任何潜在的政治或经济逻辑。当政府混合了不同的理论与实践来指导改革方向时，改革的过程因此也就充满即兴性、不确定性和犹豫。改革开放以来，无论在个人层面还是政策层面都存在宏观和微观层面的常态性调整。

对我的受访者来说，各个时代有不同的特点。正如王经理和其他人在不同场合向我提到的那样，20世纪90年代甚至21世纪头10年是混乱和狂野的时期："你不知道什么可以做，什么不能做。"他们既看到了很多不确定性，也看到了很多实现个人奋斗的机会和希望。有时他们的努力尝试经受住了反复无常的考验，但有时他们也会失败。他们为自己通过辛勤工作取得的成就感到自豪，于是他们毫不犹豫地通过消费品（尤其是轿车）炫耀自己的成就。[14]

　　然而随着时间的推移，像黄总这样的人变得不那么乐观了。通过加入世界贸易组织和引入世界贸易组织的贸易规则，中国市场已经引入并执行符合全球标准的实际操作。过去的许多非正式的做法现在已得到规范化和标准化。像黄总这样的人从生活经验中了解到，国家政策随时可能发生变化，而他们无从知晓变化会朝着什么方向发展。如果非要说轿车市场中存在任何连贯性，黄总等人觉得政府一直在试图控制和维持私营企业的秩序。他们的努力在其他强大的参与者面前黯然失色。

　　黄总、卢经理、王经理和我的其他受访者提供的叙述绝不是中立的。他们从代表既得利益者的角度发声，他们的社会资本和文化资本赋予他们在特定时期的结构性优势。他们对自己的自我定位并没有批判性反思。他们高度关注现在和不久的将来，而不想反思过去。造成这种情况的部分原因是记忆变得模糊，而另外的部分原因则是他们认为回忆过去是浪费时间，有些事情就应该让它过去。尽管如此，社会的巨大结构性转变是由像他们那样的每一个平凡个体的努力所推动的。他们顶着国家政策不断变化所引起的阵阵浪潮，对抗着跨国公司的各种操作，努力成长发展，或者只是纯粹地求生存。他们的人生轨迹和叙事让我们留意到，20世纪70年代末前后的各种理论规则、意识形态和结构性力量被偶然性地、混合地运用在一起，塑造了多方面的转型，这种转型的典型表现之一就是机动车体制和中产阶级的崛起。我在这里强调计划经济对社会实践的持久影

响时，并不是认为它比其他政策和实践更重要，而是要表明社
会等各方力量在塑造个人流动轨迹过程中的复杂性。这一点将
在下一章作进一步阐述——本章描述的中产阶级在下一章中遇
到渴望实现向上社会流动的年轻一代。

第四章

汽车碰撞出的空间秩序

关于社会流动性的焦虑

2007年2月的一个清晨，"汽车之友"的汽车修理工们像往常一样，早在店面开门前便已开始工作。一位名叫"楠方"的年轻推销员也赶在开店前走进店内。他需要将一辆全新的手动标致206轿车从停放区域搬到汽车修理工的工作区域，做好准备工作以便向买家交付——撕下保护膜，检查机械功能，并给车面打蜡。这辆车的新主人邹先生原定于当天晚些时候来提车。楠方走到经销店后面的车库，邹先生前一天完成最后的测试后便把车停在那里。楠方刚上车没多久，车子就突然向前一跃，撞上了停车区和备件存放处之间的玻璃隔断板上。轿车的引擎盖和保险杠受损。

由于正式合同已经记录了发动机的序列号和这辆受损轿车的车架，而且政府机构已经出具了销售税费的收据，在没有得到邹先生同意的情况下，"汽车之友"不得将损坏的轿车更换为新车。这辆车没有买任何保险，因为邹先生还未来得及买保险，而"汽车之友"的保险政策并不涵盖在车库里发生的任何损失。

　　就在汽车修理工们抢修轿车的时候，邹先生和他的妻子到达现场，看到了车子损坏的情况。他们取消了购车合同，并要求"汽车之友"全额退款，包括为轿车支付的款项、销售税和办理行政手续方面的费用。经理们别无选择，只能答应邹先生的要求。

　　黄总和"汽车之友"的经理们纷纷指责楠方的疏忽，认为这表明他缺乏素质。他们决定让楠方承担维修的费用，而销售部则承担不可退还的行政手续方面的费用。楠方和他的顶头上司卢经理还要被罚款。以王经理领头的售后服务部向楠方开出的账单包括了新零件费和人工费，总金额是楠方月薪的两倍还要多。在接下来的几天里，这起事件及其后续处理余波未了，成为激烈的、情绪化的讨论话题。员工们分两个阵营选边站。包括销售人员、汽车修理工和看门人在内的"下层"人员都对包括经销店老板、经理和他们的助手在内的"上层"人员处理这起事故的粗暴态度感到不满。"上层"人员则反过来抱怨"下层"人员的素质低、不知道怎么做生意。

　　本章以这一事故开头，探讨经销店内"下层"人员和"上层"人员之间的权责冲突，并阐明在社会转型过程中作为中产阶级的主观体验。毕竟，特定职位的主观性与其他职级的境况有关。研究服务行业的学者们通过观察工作场所的日常互动，产生了对群体差异的有价值的洞见。瑞秋·谢尔曼（Rachel Sherman 2007）和欧爱莲（Eileen M. Otis 2012）展示了，在豪华酒店中，中产顾客要享受身为消费者的权利，服务人员如何通过情感劳动来接待他们，与他们周旋和冲突时，该过程如何表现出社会群体间的差别。韩爱梅（Amy Hanser 2008）的一项相似研究则表明，通过观察研究销售柜台的日常服务工作（她称之为"关系劳动"）有助于我们理解系统性的不平等是如何被再生产的。借助这一学术发现，我的分析着眼于空间的安排、工作的例行日常、薪水、群体动力学和语言，以说明群体差异是如何通过日常互动变得可见、得以被表述以及被固化。

我特别注意人们对"素质"一词的反复使用，把它作为一个窗口，揭示中产阶级对社会变革、社会流动和社会群体差异的主观体验。"素质"一词的当代用法可以追溯到国家对人口的关注。国家认为人口与国家发展以及伴随而来的计划生育政策和教育政策息息相关。在官方用法中，素质虽然"体现在个人身上"，但"标志着在等级和道德方面对人口进行区分，提高人口素质是国家的重要使命"（Kipnis 2006, 297）。严海蓉有一项研究，是关于"素质"一词如何被用来贬低农民工，她认为"'素质'一词把个人发展的潜力具体化成价值（价格），从而把人类族群当中的异质性抽象化、弱化"（2003，511）。因此，"素质"一词"从根本上体现了个人是如何被设置成能做出理性选择的主体"。（Anagnost 2004, 192）一些学者因而将"素质"相关的话语与自我管理技巧直接联系起来。这种管理技巧培养"对自我负责"的个人伦理，从有利于国家的方面进行远程管理。

这一派学者通过将"素质"相关的话语视为一种治理策略，从而突出了国家的作用，但没有对该术语如何在日常生活中被使用及被二次挪用给予足够的关注。在本章中，我展示了"素质"如何被感知并反过来影响受过教育的中产阶级的行为。这些中产阶级是"素质"一词的主要使用者。根据他们在汽车经销店内外的日常实践、对话和争论逻辑，我认为这个词充满了歧义和矛盾，与任何特定的道德或逻辑之间都不具备稳定的关联。中国的"素质"话语在很大程度上类似于印度对"文明"话语的使用，印度的城市中产阶级利用"文明"话语在自己与下层、其他种姓背景的人之间划定社会边界（Dickey 2012; Donner 2011）。而在汽车经销店里，这个词的具体含义并不清晰，较为明确的一点是，"素质"一词的使用与经销店的空间布局和秩序相关。在其他的日常生活语境中，对"素质"的看法与对教育和修养的信念高度相关，正如任柯安（Kipnis 2006, 2007）一针见血指出的那样，对"素质"的观感起源于当代国家政策以及历史上经典的教育模式；中产阶级认为他们之所以能实现目前的社会地位和生活方式，教育在当中发挥着关键作用。从这个意义上说，"素质"的话语可以被看作是一种新的社会阶层术语，但正如其他学者所主张的（例如Yan H. 2003），它同时将社会不平等去政治化。当下的群体认同比20世纪70年代末以前更模糊、更多变易变，而这套"素质"话语为中国中产阶级理解社会分层提供了修辞工具。通过剖析"素质"话语背后的社会因素，我们可以窥见身为中产阶级的主观体验——充满了对向上流动的挣扎和对未来的焦虑，因为他们看到，在一个充满不确定性的时代，年轻一代的社会阶层边界正在固化，而向上流动的机会正在减少。

"上层"和"下层"：空间的划分、工作的惯例和工作的层级

空间是生产社会关系的关键要素（Lefebvre 1991）。空间塑造个人的主观性，是行动的工具，是冲突的场域。社会化的空间和对空间进行的竞争对于身份认同和界限的产生至关重要（例如Caldeira 2000；Low和Smith 2006）。在工作场所内，群体认同与空间相结合，其具体表现可以参考"汽车之友"内部"上层"人员和"下层"人员之间的紧张关系。

21世纪的前10年，那时的"汽车之友"坐落在广州彼时的一个新兴城区。营业时间为上午9点至晚上9点，除了春节的7天假期外全年无休。这样的日程在汽车经销店中并不少见。毕竟在这座城市里，很多超市、购物中心和餐馆都是全年无休营业。

经销店被分成几个功能区（参见图5中的平面示意图）。每个区域的员工都有自己的着装要求、日常工作管理规范和彼此互动的方式。

在一楼，"汽车之友"门店由一条宽阔到可以让轿车通过的过道分成两个部分。面向主要道路的前半部分主要是展厅，其中有一个小的休息区。一个打卡机安装在门店的入口附近。经理

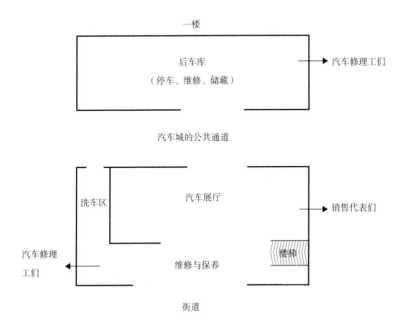

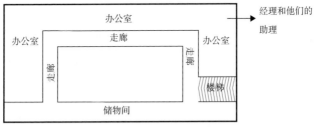

图5 "汽车之友"的平面示意图（非比例绘制）

已经明确所有员工都不能帮别人打卡。如果有人这样做，一经发现，两个人都要受罚。

在展厅里，大屏幕电视循环播放标致品牌广告。广告伴随着背景音乐《花之二重唱》描绘了巴黎的场景。这个区域在夏天很凉快，但在冬天通常会很冷。这是经销店的销售代表所在的区域。

"汽车之友"有5到7名销售代表，其中大部分是20多岁的男性。他们中的大多数都毕业于两年制大专，部分人主修汽车营销专业。他们很少在一个经销店工作超过两年。我在"汽车之友"实习的4个多月期间，两名销售代表离职，又有两名代表应聘到岗。他们在经销商之间跳槽，有时只是因为"其他牌子似乎更受欢迎"。由于跳槽频繁，来自不同经销店的销售代表之间通常关系很好。因此在销售代表的圈子里，有关其他品牌销售策略的信息得以快速交流和传播。

销售人员每周休息一天，但通常不会选择在周末或公共假期休息。他们的部分工作需要他们去城市不同地区的政府办公室，所以他们有时会利用不在办公室的机会吃午饭或做一些跑腿的活儿。销售人员穿的服装由自己出钱购买，种类必须是白色衬衫、黑色裤子或黑色裙子。如果需要穿西装外套，也应该是黑色的。

销售人员从上午9点一直工作到下午6点，在这期间没有明确规定的午餐时间。大多数人来得很早。有些人每天工作的开始可能会是给轿车除尘；其他人可能会选择先吃早餐。他们一天的工作时长一般从上午的晨会正式开始算起，我在实习期间也需要参加。上午9点整，销售部的所有员工和负责后勤的宁经理都会停下手头工作聚集在展厅区。我们会面对卢经理并列站成一排。

晨会是为了传达诸如新型号、新定价以及有关竞争对手的探听报告等信息。卢经理偶尔会提醒销售人员要遵守行为准则。例如，他有时会斥责在办公时间吃零食的人，有时他会要求他的团队穿着得体。自从楠方出了事故后，卢经理还利用晨会重申小心行事的重要性。整个团队都会保持沉默等卢经理说完。卢经理讲话一般在5到10分钟以内。在这之后，经理和他们的助手会回到夹层的办公室。销售代表就开始他们的工作，等着招呼来店的客户或者离开经销店去处理税务或许可证的问题。

销售代表的工资包含底薪和奖金。"汽车之友"会给一些老员工福利，但销售人员通常因为工龄不足而没有资格。在2006年年底的时候，售出一辆国产标致的奖金是100元，而售出一辆进口标致的奖金要高很多。然而在2006年10月到2007年2月期间，销售代表平均每月销售进口车不到一辆。[1]根据销售人员的日常交谈和我的估计，他们的月收入一般在1800元到2500元之间。这种薪酬结构促使他们相互争夺客户。[2]一旦销售代表开始与潜在客户交谈，客户就是他的了。客户的个人资料是与特定的销售人员捆绑在一起的。比如在"汽车之友"工作的人都视邹先生为"楠方的客户"，而不是"邹先生"具体这个人。

尽管如此，销售代表彼此之间的关系是相对友好的。当展厅里没有顾客时，销售代表会相互开玩笑、闲聊和交换一些想法，例如城里最好的餐馆、日常生活和人际关系。下班后，他们有时会聚在一起吃晚饭和找乐子。出于工作的需要，他们会彼此合作，而不是搞对抗。客户现在通常会给销售代表支付低额服务费，请他们去市里跑腿代办买车需要的所有正式文件。销售代表的工作包括支付所有税款和道路通行费，并将新车送到车管所检查、拍照和上牌。一名销售人员去政府部门办事时，会将其同事需要递交的材料顺带一起提交上去，而其同事在处理另一个政府部门的要求时会投桃报李。销售人员通力合作的一个很好的例子就是在楠方的事故发生后，所有其他销售人员都在努力帮助他。当时公司唯一的女销售代表小兰打电话给买家邹先生，在并未提及事故的情况下试图说服他推迟收货，以便给汽车修理工争取更多修车的时间。他们还会一起讨论从其他销售人员那里听到的种种技巧，包括试图让保险公司承担超出保单范围的损失，尽管听上去似乎不可行。

展厅的一边是洗车的地方，洗车的区域连着面向街道的服务区。与前区相对、被通道隔开的是后车库，这里除了提供保养和维修服务，还是备件存放处和停车场。后车库没有空调或通风设施。当汽车修理工、清洁工和看门人不在前面的区域工作的时候，他们会在后面的车库里休息，因为他们不被允许待在展厅里。

大约20人的汽车修理工团队都是男性。除了高级汽车修理工戴师傅，大部分人都是20岁出头，但也有几个人才十八九岁。大多数人完成了九年义务教育，其中一些初中毕业就进入职业学校学习汽车机械。[3]一些汽车修理工会形容自己是初中辍学的"差生"。他们和他们的家人都认为修理汽车是一种实在的谋生手段。这些技能在全国各个地方都适用，尤其是在汽车经济蓬勃发展的新形势下。通过他们的家庭或老乡的关系，许多人被介绍到修车厂和经销店工作。

汽车修理工领取的是固定工资。根据技能和工作经验的不同，2006年汽车修理工的平均月薪在800到2000元不等，但戴师傅的工资与一些经理差不多。与将奖金写入雇佣合同的销售人员不同，汽车修理工有时会在公司生意好的时候分到奖金，有时则无。与销售人员一样，年轻的汽车修理工往往会频繁跳槽，因此客户很少有获得长期服务的福利。

汽车修理工穿着"汽车之友"给他们的制服，但经销店不负责清洗制服。他们的制服上经常沾满油脂和污垢。汽车修理工实行两班倒，一个班次是从上午9点到下午6点。另一个班从中午12点到晚上9点。他们按规定不能在工作时间离开经销店。即使在午餐时间，他们也是从附近小贩那里购买5到10块钱的盒饭。他们每周的休息日也是轮替排班的。王经理对他分管的员工发生迟到或不遵守规则时会处以罚款，尽管员工的这种小差错并没有造成任何重大损失。

王经理也会每天早上跟他的汽车修理工团队召开晨会。晨会一般从上午8点30分开始，会议时长会超过卢经理那边的晨会。大多数时候王经理都借开会来重申行为准则并分配当天的任务，还会在晚上为年轻的汽车修理工组织每周的培训课程。

年轻的汽车修理工们在不用干活的时候，会留在后车库，按他们的说法，是要"远离鬼叫声"。（"鬼叫声"指的是展厅中循环播放的《花之二重唱》中的两段高亢的旋律。）他们会翻报纸、闲坐、开玩笑，有时还会互相追逐来取乐。他们很少在下班后一起出去玩。他们在城中村租房住，几乎不做饭。[4]他们花大量的空闲时间在家里或游戏场所玩电子游戏。

经销店的前面部分有一个夹层，是经理和他们助手的办公室，靠砖墙而建。办公室由玻璃板隔开，每个办公室都有空调。管理人员可以在办公室前面的走廊上清楚地看到下面的楼层，但一楼往上却看不到办公室里的情况。

管理人员之间很少交流除业务以外的事。由于管理人员的个性和业务性质，经销店其他员工们对他们之间紧绷的张力和冲突关系心知肚明（见第三章）。但是在必要的时候，管理人员们也会表现出罕见的团结，比如在出现事故的情况下。

管理人员从上午9点工作到下午6点，其间包含有两个小时的午休时间，周末和所有公共假期都会休息。经理们不需要穿制服。卢经理和宁经理两位由于是和客户直接打交道的，所以穿着比较正式，而像康副总经理和售后部门的王经理等其他经理，除了有汽车制造商的业务代表来访的日子之外，都穿休闲装。有的经理，如宁经理会自带午餐，而另一些经理则会在没有安排商务午餐的情况下订外卖。至于黄总，她通常中午之前不会来办公室，离开办公室的时间也很灵活。她穿得很时髦，或者用宁经理和主管财务的蓝经理的话说，"穿得有点法国味"。

不同群体之间的日常互动也强化了空间上的区隔。销售人员和汽车修理工经常会走到彼此的区域。除非出了问题，否则汽车修理工不应该待在展厅里。虽然两个群体彼此偶尔会开玩笑，但销售代表通常不会在工作场所或下班时跟汽车修理工打交道。尽管如此，销售人员和汽车修理工之间的界限比经理和其他人之间的界限更加模糊和灵活。虽然销售人员似乎因为穿着干净的衣服和文书工作显得具有更高的社会地位，但是像戴师傅这样有经验的汽车修理工更受人尊敬，而且由于其具备的技能的价值，汽车修理工的工作更有保障。然而，尽管戴师傅知道他的薪水比"汽车之友"的经理助理甚至一些经理都要高，但是他不信任管理人员。他觉得身边被像自己一样从外地来到这个城市、靠双手谋生的人——如汽车修理工、清洁工和销售人员——环绕时更自在。尽管销售代表和汽车修理工之间存在分工上的差异，但他们对一些事物持有类似的看法，例如对经理、经销商、彼此互动的方式以及总体的生活方式。一如事故发生的后续事件所暗示的，汽车修理工和销售人员站在同一边。

下层人员一般是不会到楼上去的。只有销售人员偶尔会去到夹层与管理人员共同处理销售上遇到的问题。在一楼另一侧的汽车修理工们则不会到夹层，除非是发薪的日子或被经理召集，召集的原因通常是因为有人违规。经理们和他们的助理同样也很少在一楼逗留。他们偶尔会站在夹层的走廊上对楼下的销售代表或汽车修理工大声喊话。

空间上的安排和日常的互动促成了经销店不同群体之间的区隔和团结，从而产生了"楼下的"和"楼上的"这两个词。群体的空间维度——"楼上的"和"楼下的"——进一步对应了"素质"话语中的"高"和"低"，似乎为将人划分成"上层人"和"下层人"提供了合理的空间想象，通过物理环境和语言，成为群体认同不可或缺的一部分。

素质：歧义与矛盾

在"素质"一词的日常使用中，它常被用来解释"楼下的"人们普遍存在的"不适当的行为"或"违规的行为"。对"汽车之友"的经理们来说，低素质指的是与缺乏纪律相关的行为。举例来说，销售代表的一部分低素质行为包括经常互相闲聊、使用公司电脑聊私人QQ、在工作时间吃零食、出外勤后不立即回到公司。没有主动通知潜在客户有关新车型号的信息也被认为是低素质。了解并履行自己的工作职责也很重要。所以楠方在那起事故中的疏忽——他本应该检查好变速杆的挡位——也被视为一个"低素质"的例子。

在经理们的理解中，素质的一个重要方面是持续的自我发展。对他们来说，低素质的销售人员和汽车修理工缺乏动机和野心去提高工作表现或精进技能。这样的销售代表不会花时间去了解标致轿车的每一个细节和优于其他品牌的原因，更不会试图去了解客户的心理或提高销售技能以卖更多的车。而一个低素质的汽车修理工宁愿在后车库闲逛，也不愿意提升技术水平——使自己可以解决更多的汽车故障问题。

管理人员认为是素质造就了"楼下的"和"楼上的"人的差异。高素质的人，正如他们所说的，"总是很忙，因为他们非常积极，不会干坐着等机会上门。他们主动出击找机会"。王经理把黄总称作一个高素质的人，他举例说：

> 她是一个非常勤奋的女人，飞到世界各地寻找不同的机会，知道在哪里可以买到便宜的备件。她飞去美国，还飞去巴黎寻找进口货源地。她设法利用她的关系在外边开展业务，她有野心和远见，这就是素质。

"汽车之友"里的人们经常用与汽车有关的比喻来说明素质的高低。借用王经理告诉我的一个例子：素质高的人喜欢宝马，素质低的人喜欢美人豹。据王经理说，美人豹轿车连一条直线都走不了，外形设计也不精致。相比之下，德国的轿车则体现了最好的工业设计和制造工艺。

　　虽然轿车的工程质量可以通过一系列的技术标准来衡量，但适用于检验人的"素质"的标准却相对模糊，正如严海蓉（2003，2008）的研究指出，"素质"似乎涵盖了各种日常生活中自相矛盾的方方面面。被管理人员解读为"低素质"的行为在他们自己身上也能看到。准时与否是管理人员"素质"话语中的关键话题之一，但他们自己并不能做到永远守时。以黄总为例，她想什么时候来就来，想什么时候走就走。我好几次目睹一个经理助理帮他的领导打卡，而这是被经销店的工作场所规定和行为准则所严格禁止的行为。在晨会这样的公开场合，经理们会为他们的违规行为辩护，理由是比起到店打卡，他们有更重要的事情要处理。但正如经理们在办公室的闲聊所暗示的，所谓的"重要事务"只不过是给迟到找的空洞借口。经理们有时会在办公时间处理私人事务，无论是在公司里还是在外面。他们在办公室时，如有空闲，他们会上网、用QQ和别人聊天、聊八卦、吃零食、谈论购物、讨论孩子和其他日常。所有这些行为，如果出现在楼下的人身上，都会被认为是"缺乏纪律"，是低素质的表现。

　　经理们告诉销售人员，销售人员可以通过研究消费者模式以提升自我。但是在其他场合，他们曾直截了当地告诉我，他们并不认为买车符合任何一种通用的消费者模式。用康副总经理教导我的话说："每个人都有自己的喜好。这里没有固定模式。你没办法去研究它。"王经理也曾在2015年跟我表达了类似的观点："人们的喜好会随着时间而改变……当客户走进展厅时，你不知道他到底在找什么，所以你能做的就只有仔细聆听。"尽管经理们不断告诫销售人员和汽车修理工要提高他们的技能，但他们很少花时间提高自己的专业水平。《花之二重唱》对经理们造成的困扰程度和汽车修理工们相当。当汽车修理工躲在车库里的时候，经理和他们的助手将电脑播放流行音乐的音量调高，直到可以压过《花之二重唱》中"鬼一样的尖叫"。

根据经理们评论楼下员工的说法，如果说缺乏远见和文化底蕴是低素质的特征，那么楼下的员工也注意到了经理们眼中的高素质代表——黄总身上"低素质"的一面。一个典型的例子是，黄总决定将"汽车之友"打造成二级经销商。这样的话，"汽车之友"必须从一级经销商处购买车辆，而不是直接向制造商购买。理由是一级经销商需要超过100万元人民币的投资并完成制造商制定的年度销售目标，而黄总不想自身经营受到这些限制。销售人员们对这个决策提出了批评，他们认为这个决策表明黄总既缺乏对长期发展的远见，也没有做好损益评估，还缺少对市场逻辑的理解。"市场逻辑就是'不冒风险，就不会有收益'，"与楠方年龄相当、生活轨迹相似的另一年轻销售人员说道。在他看来，黄总的决策表明她无法承担更多的责任或风险。另一位资历更深的销售代表也做了详细点评：

> 她（黄总）看不到做一级经销商的意义！如果她完成了指标，制造商会给她返还一定比例的销售利润。卖得越多，

制造商返的利润就越多。她就可以用这个钱给客户打更大的折扣。现在我们只是一个二级经销商。我们不能从制造商那里拿到任何返利。那些一级经销商可以降低零售价，但我们的利润空间不够大，办不到。我们怎么能去跟他们比？一级经销商如果想要客户不来我们这儿，都去找他们，那他们只要限制给我们的轿车供应量就好了。

关于黄总，"汽车之友"60岁的看门人付师傅也提供了有趣的观察和评论。付师傅曾经是一名建筑工人，为了养家糊口而四处奔波打工。年老之后从建筑业退休，在"汽车之友"开业时被聘为看门人。每一个工作日，付师傅都来得最早，待的时间最长。他有时会帮汽车修理工的忙，在售后部人手不足的时候也会帮忙洗车。其他时间里，他就坐在后车库的门口读报纸，看着人们进出经销店，并倾听他们的谈话——就像我在经销店做田野调查时所做的那样。虽然付师傅只接受过小学教育，但在我初来乍到之时，他帮助我了解和适应了销售部门和售后部门之间的紧张关系。

付师傅对黄总领导能力方面的印象不佳。他给我提供了两个例子。第一个例子与她聘用好友康副总经理有关。康经理不时把他的车——一辆红色庞蒂亚克跑车——停在"汽车之友"的展厅里。付师傅注意到在展厅里的红色庞蒂亚克往往比标致轿车更受注目，但黄总并没有制止康经理将"汽车之友"展厅用作他的私人停车场。作为一名看门人，付师傅还发现康经理在下班后把这家店当作个人娱乐场所，或者用付师傅的话说，"其他人走了之后开派对"。付师傅还从销售代表和汽车修理工那里打听到，康经理尽管对市场营销和汽车维修不太了解，却喜欢责骂员工没有做好本职工作。有传言说，在康经理的建议下，黄总把钱投资到诸如水泥等期货和大宗商品领域，据说这比将最新车型引入经销店"更有赚头"。在付师傅看来，黄总既没有用对人，也没有把人用对。他说："朋友在生活中很重要，但做生意就是做生意。"

付师傅举的第二个例子是黄总迷信风水。每当生意不顺时，黄总就会请一位风水师在展厅里东搬西挪，从改换开门位置到重新布置展出的轿车，再到请来关公神龛。单在我实习的期间，展厅就被重新布置过一次：展厅的一个入口从正中央移到了侧面。付师傅说，根据他多年与不同人交往的经验来看，那个风水师脑子有问题。他反过来问我："她（黄总）是个受过教育的人，但她为什么这么迷信？"

也许最能说明"素质"话语的例子是"楼上"和"楼下"的人对撞车事故的看法差异。让我从买家邹先生谈起，他在这次事故中其实扮演着关键角色。邹先生在他开始创业之前曾经是一名卡车司机。邹先生喜欢开车，也想拥有一辆车。他的妻子起初拒绝了买家庭用车的想法，但在与邹先生的朋友进行几次公路旅行后，她的态度有所转变。邹先生趁妻子短途出游时自己跑去不同的经销店看车。他本打算等车买到手再告诉妻子，因为他认为等生米煮成熟饭，妻子就会接受。他没有给车买保险，因为他声称一个有经验的司机并不需要保险。根据楠方的说法，邹先生在最后一次试驾后并没有拉手刹，还将变速杆留在了第一挡。邹先生一开始没有否认他的失误，但后来和妻子一起到店的时候，却矢口否认。事故给了邹太太一个完美的取消交易的理由：正如她对销售人员所说的那样，"尽管维修后车子看起来就像新的一样，但破车的形象已经在我们的脑海中留下印象，一直挥之不去"。

对经理们来说，楠方关于手刹和变速杆挡位的说法可能是真的。他们也知道，邹先生的妻子很可能就是想趁着这个机会取消一宗她从来就不想要的交易。但正如卢经理所说："你不能埋怨客户……尤其是在楠方无法证明客户出错的时候。"经理们坚称楠方应该多加小心，在他发动汽车前应该检查手刹和挡位。卢经理认为黄总对楠方处以罚款是正确的，因为"她需要对员工进行纪律处分，维护'汽车之友'的声誉。这是对事不对人的"。尽管经理们知道销售代表和汽车修理工们心有怨言，但他们认为这是销售人员的低素质导致他们不理解为什么黄总要这样处理这起事故。

跟经理们一样，销售人员和汽车修理工们也都明白为什么邹先生一家可以取消订单，而"汽车之友"必须全额退款。他们不认同经理的地方在于对楠方的处罚。在他们看来，楠方只是很不走运地介入了邹家无法就是否买车达成一致的独特处境当中。高级汽车修理工戴师傅还告诉我，事故并不全然是楠方的错。根据他的经验，老一辈的司机在停车时通常会将变速杆挂在第一挡，而年轻的司机则是被教导要将变速杆挂在空挡。与手动换挡系统相比，年轻驾驶员通常更习惯于自动换挡系统。戴师傅的这番话在年轻的推销人员当中引起共鸣。在他们看来，如果邹先生拉了手刹或者把变速杆挂在空挡，事故都不会发生。

至于楠方应该承担多少赔偿和多大的修理责任，一些年轻的汽车修理工告诉我，经理要求楠方赔偿的备件并不是全部都需要换新，某些损坏是无需新零件也可以修复的。戴师傅没有具体说明要怎样修复汽车，但他暗示，管理人员起码可以帮楠方省掉人工费。最重要的是，汽车修理工和销售人员一致认为，把楠方罚款罚到让他付不起当月的房租是不对的。同样金额的罚款对经理们和楠方来说区别很大。对经理们来说，这笔钱可能只是与业务合作伙伴吃一顿晚餐的钱。但对楠方来说，同样的金额可能是一个月的伙食费，光是修车的人工费就抵得上他一个月的房租。在销售人员、汽车修理工和看门人看来，经理们和老板"没有同情心……他们只知道自保"。

简而言之，经理们和经销店老板提出的对"低素质人士"的批评，可以看成是顺应市场逻辑的结果。他们重视规则、工作场所的规范和经销店的业务。销售人员和汽车修理工也同样清楚规则是什么。但他们的论点是以关怀为出发点：重要的不仅是规则的内容（能否明确谁负责任），还要顾及在特定的情况下怎样才能达到公平。他们希望，在处理他们的时候，能够抱着同理心去理解他们的具体情况。

所以"素质"的意义不在于"素质"这个词的内涵或释义。几个月间，我倾听他们的对话，观察了各种实践活动，然后发现像付师傅这样属于"楼下人群"的销售人员和汽车修理工们，在理解商业环境和决策方面往往和经理们一样敏锐。如果按照中产阶级管理人员对"素质"的使用方式来理解，"楼下"的人的素质和"楼上"的人一样好（或一样差）。

"素质"话语在很多方面都与经销店的空间秩序相似，而这两者都与群体认同有关。"汽车之友"并不是个例。根据我多年来与其他中产阶级受访者的谈话，我发现了一个关于"素质"话语和群体认同的普遍模式。首先，关于"素质"的日常话语中存在话语上的归属权问题。中产阶级，尤其是那些受过高等教育的人，比其他群体更倾向于使用"素质"这个词。在"汽车之友"的案例中，管理人员会使用"素质"一词，但汽车修理工和销售人员不会。就像我在关于汽车修理工和销售人员批评黄总的讨论中所展示的那样，汽车修理工和销售人员不会反过来使用经理口中所谓"缺乏素质"的话语来描述经理们做出的错误行为和决策。其次，关于"素质"的逻辑是循环论证的。一方面，认为某些人具有高素质的看法，在很大程度上是建立在这些人已经实现了向上的社会流动或获得了更高的社会地位这一事实的基础之上；另一方面，"素质"话语证明向上的社会流动发生在某些人身上而不是其他人身上的合理性。因此，高素质与高社会地位相关，低素质与低社会地位相关。关于素质高低的日常用语，与在工作场所的空间布置相互关联起来，而社会分层的等级结构和空间想象便是通过这些日常用语得到了再生产。

日常生活中的"素质"话语应在社会转型的语境中理解。具有较高地位的人拥有定义"什么是低素质"的不言自明的权威。将某些人和行为定义并归类为"低素质"，能够证明他们采用的各种规训（例如打卡、罚款和晨会）的合理性。这些规训的规则和做法往往对改善受处分者的所谓"素质"无济于事。但是当销售人员、汽车修理工等人不遵守规则时，违反行为准则就成了"低素质"的标志。换句话说，规则是用来强化下层员工的"低素质"形象，象征性地证明管理者在纪律处分过程中享有更高的地位。

但就像严海蓉（2003）的研究所表明的那样，中产阶级并非简单地操纵"素质"话语来强化他们的群体利益。"素质"话语反过来为中产阶级提供了一个修辞框架，以帮助他们了解过去实现向上的社会流动的成就、当下社会流动性的迟滞及未来生活不稳定性而引发的焦虑。

对社会流动性的忧虑，阶层差异的再生产

对我的许多中产阶级受访者来说，素质是知识、技能、文明、人脉、经验和生活中其他重要因素的总称，素质总是与个人

生存和成功息息相关。中产受访者们可能会使用这个词来反对他们认为不正确的事物和行为方式（例如在街上吐痰）。他们也用这个词来指代他们自己和他们的孩子（比如"一个人需要提高或培养自己的素质"）。在很大程度上，"素质"话语体现了中产阶级主体性的一面，这一面与他们对教养和教育的信念和实践有关。

不可否认，很难描述中产阶级的主观性是什么。当我的许多受访者在媒体上读到"中产阶级"这个词时，他们都意识到了其内部的分裂性和异质性。正如他们中的一些人问我的那样："怎么可以把月薪不到1万的高中教师或基层公务员和年薪百万的律师都叫做'中产阶级'？"但是有一些瞬间能表明，受过教育的中产阶级之间存在共同的主观性。其中一个这样的瞬间是当他们开玩笑说自己是中产阶级的时候，他们经常说"夹心层"更适合形容他们的处境。

另一个瞬间是他们谈论教育的价值的时候。许多受访者——学校教师、医生或律师——无论在什么情况下审视自己的生活，都对自己在社会中的向上流动满怀成就感。实现向上社会流动的关键是教育，尤其是高等教育。在他们看来，他们所受的大学教育——对其中一些人来说则是硕博等更高层次的学位——对他们在新兴的管理和服务行业取得工作机会至关重要。这些行业在20世纪90年代和21世纪的头10年急需受过高等教育的人才。

受访者们承认高等教育的重要性有时可能与大学里的课程无

关。中产阶级在大学期间学到的东西通常与他们日后作为专业人士的工作没有直接关系。数学专业的受访者可能会成为公务员，而学过机械工程课程的受访者也可能成为律师。[5]在大公司的招聘中，中层的办公室工作机会通常不考虑户籍而对所有大学生开放。一个学士或硕博学位，用他们自己的话来说能够帮助他们"跨过门槛"踏入新领域和专业职场，因为一些工作岗位的大门不会对没有相应学历的人开启。

根据他们的人生轨迹和我自己的观察，高等教育为他们提供了"结构性的优势"。除了受访者们明确指出的前述优势之外，另一个结构性优势是高等教育帮助他们克服了一些制度上的障碍，例如国家户籍制度造成的障碍。对于王经理这样的人而言，高等教育使他们能够将因家庭关系获得的农村身份转变为城市身份，从小城镇迁移到省会等大城市，进而获得与当地城市居民同样的社会福利待遇。此外，像其他许多国家一样，高等教育带来的优势还包括为他们提供校友网络，这对他们的职业发展和社交生活往往必不可缺。

教育在阶层差异中至关重要，因为它不仅提供了多种结构性优势，还提供了有时在日常语言中被认为是"素质"的象征性资本。它使中产阶级能够将自己与像高级汽车修理工戴师傅那样的人区分开来——戴师傅虽然拥有颇受青睐的技能，薪水与中产阶级相同甚至更高，却没有大学学历证书和"正确"的品位或生活方式。我本人可能就是经销店中的一个可用作说明的例子。"汽车之友"的人都很清楚我对汽车、汽车销售和修理的日常业务知之甚少。经理甚至说我的研究项目是没有价值的（见第三章）。销售代表笑我对轿车型号的特殊性一无所知。年轻的汽车修理工也会嘲笑我无法说出引擎盖下的零件名称。但是他们在各种场合都会称赞我，而不带任何冷嘲热讽，因为我是拥有几个学位且正在国外深造的"高素质"人才。除了管理人员之外，汽车修理工和销售人员也认同高等教育的象征价值。

尽管如此，正如我在引言中所提到的，现存的社会差别有别于20世纪90年代以前的社会阶层，那时的制度记录下每个人的阶层身份，并为不同的阶层赋予不同的权利。改革开放以来这种新的社会差别也不同于城乡差别，后者在很大程度上植根于户籍制度和土地所有权并由这两者维系。社会差别系统为个人提供了一种稳定感，这是受过教育的专业人士们无论如何都感受不到的。对后者来说，生活中的许多事情都在迅速变化；社会流动就是焦虑的根源。

首先，向下流动是真实存在的，并且随时可能发生。"汽车之友"的卢经理就是一个好例子（参见第三章）。因为销售业绩不佳，他先是从销售部的管理职位降职到了销售人员的职位，最后还离开了。在我的实习期间，6位经理当中有3位被撤换。

这种对于社会流动性和工作保障的不安时常在日常对话中被表达出来。这在我2010年与4位律师的一次午餐会中得到了清晰明确的呈现。这四名律师年龄都在30岁出头，其中3人有车。其中两人已经为人父母，另有一位的孩子即将诞生。我们聊了关于轿车和办公室政治的八卦。其中一位年轻的女律师忽然叹气道："我们连那些农民工都比不上。"另外两人异口同声表示赞同："即使这些农民工在城里找不到工作，但至少他们在家乡还有一些地。如果我们失去工作，我们还有什么？啥都没有！"最后那位即将成为人父的律师紧随其后附和道："我是我们家的顶梁柱。如果我出了车祸，我们一家的日子就没法过了。"

不可否认的是，这些律师对农民工及其生活保障的评论不过是中产阶级的幻想，这种不切实际的想象与以土地为中心的城区房地产开发相关。根据我多年来的观察，与这些律师处在同样阶层的人凭借他们的人脉和工作经验，找到薪水水平相当甚至更好的新工作通常不是难事。靠他们的积蓄和保险，休息一段时间也并不会影响他们的生活方式。相比之下，像"汽车之友"发生的工作事故则可能会让像楠方那样的人立即陷入困境。

不过律师们的谈话是在特定的情境下发生的。2008年的金融危机导致美国许多律师事务所冻结招聘或大规模裁员。这些消息很快就通过校友圈传到了中国的律师们耳中。当时他们正在担心中国是否也会发生类似的大规模裁员，因为他们所服务的商业世界与全球经济紧密相连。雪上加霜的是，一名手握大客户的合伙人离开了他们的公司；合伙人的离职更加剧了他们对公司未来的焦虑和怀疑。

他们把土地比作生活保障的评论，无论是出于想象，甚至是出于无知，都反映了在过去几十年急剧的社会变革带来的不稳定性面前，我的中产阶级受访者们感到何等的焦虑。中国经济日益融入全球经济这一事实使人们意识到，发生在千里之外的事情也可能会直接影响在办公室里吹着空调的中产阶级专业人士的生活。一些受访者告诉我，他们的父母无法理解这种充满不稳定感的工作体验，因为他们的父母只在中央计划经济体制下的单位工作过，而在单位的工作生活里，职业生涯是高度可预测和稳定的（至少在自上而下的国企改革之前是这样）。另一方面，中国的改革改变了原有计划经济体制下的福利制度，而新的制度还在草创和建设之中。家庭现在必须承担起照顾自家老人、儿童看护和医疗保健的责任，而这些在过去被视为是国家的责任（即使国家可能没有能力完全实施）。作为三代家庭中间那一代的中产阶级人士和家庭中的主要收入来源，当中有许多人都认为相比父母在同年龄段时的生活，他们的生活和工作压力要大得多。

与此同时，根据许多受访者和我自己的观察，在过去10年中，阶层向上流动的可能性发生了巨大变化。与20世纪60年代末至80年代初出生的人相比，在80年代末以后出生的人通过自己的努力向上发展往往会遇到更多困难。高等教育在提供就业机会方面的作用似乎已经改变了。自90年代后期以来，政府实施高校扩招，允许营利性的私立学院与公立大学并存。大学的数量和大学录取学生的数量一直保持增长。吊诡的是，大学文凭逐渐像中产阶级所说的那样"贬值"。现在的大学学历，尤其是那些名不见经传的学院和大专颁发的学历，已经无法像过去那样带来结构性优势。在谈到工作和生活的挑战时，律师塞西莉亚评论说："我从法学院毕业的时候，我以为就业市场很严峻。但现在回想起来，我发现我的同学里面没有一个是找不到工作的。虽然我们的起薪不高，但当时房地产价格也不高。你看，我们现在都有一套房子——还有车。但看着年轻一代，我总是在想：他们怎么才能在这个城市买得起房子？"（参见第二章）

这种变化可以通过将经销店的老板和经理们的人生轨迹与销售人员进行比较来呈现。如前一章所述，在计划经济体制下，黄总、王经理和卢经理可以在无须大量家庭投资的情况下接受从小学到大学的教育。虽然入读大学要面对高淘汰率的筛选，但他们毕业后的工作是有保障的。当经济结构面临转型时，他们所受的教育、拥有的工作经验和以此为基础建立的关系网络给他们提供了重要的资本。作为对照，楠方和其他销售代表与经理们的家庭背景相类似。他们考上了大学，尽管他们的学业成绩放在黄总或王经理的时代是不够进大学的。到楠方等人毕业时，就业市场上多了很多大学毕业生。而楠方和很多同他一样的人，一直为了在大城市立住脚跟而挣扎。

耐人寻味的是，尽管对流动性、工作和生活倍感焦虑，我的许多中产阶级受访者对教育和"素质"的信念并没有被削弱。事实上，焦虑似乎强化了他们的信念，即"素质"对于在不稳定的环境中生存非常重要。虽然当政府或附属于政府的专业协会（如律师协会）要求他们提高他们的专业素质时，他们可能会拿"素质"开玩笑，但他们对孩子"素质"的态度凸显了他们对待"素质"的认真严肃。许多中产阶级的父母会在培养孩子素质上投入巨资，正如任柯安（2011，2016）所指出的那样，因为他们的"教育欲望（educational desire）"很高。我的受访者们承认，与他们的父母相比，他们为孩子的未来投入了更多的金钱和时间（另参见Kuan 2015）。他们密切留意孩子的学业。像许多美国中产阶级父母一样（Heiman 2015），这些中国中产阶级父母从孩子很小的时候就带着孩子参加课外活动、一起旅行，看遍祖国和世界。他们的目标不仅仅是让孩子上大学，而是要上一所好大学。对他们来说，好的学校不仅意味着在世界范围内的认同度，还意味着由高素质人士组成的前途无量的朋友圈和校友人脉。经销店的王经理将女儿送到欧洲接受大学教育，因为他认为欧洲的大学可以提供优质的教育，让女儿有机会学会自立，并且在欧洲就业市场上获得中国大学可能无法提供的就业机会。

　　简而言之，"素质"话语并不是中产阶级用来歧视其他群体的修辞工具。相反，"素质"话语应被理解为阶层差异在社会和象征层面被再生产的过程的一部分。"素质"一词与教育和教养紧密相关，概括了中产阶级对社会流动的理解，以及中产阶级对于努力让下一代重现向上流动的渴望。

结 论

机动车体制的兴起已变得越来越举足轻重。它不仅帮助像"汽车之友"的老板和经理那样受过教育的个人实现向上的社会流动（参见第三章），还为楠方等销售代表和汽车修理工开辟了前程。大多数来自相对贫困的城镇和农村的青年男女离开家乡到富裕的珠江三角洲打工。轿车带来了机遇：机动车的流动性需要服务供应商网络。轿车是人们共同的梦想：它是一种奢侈品，是他们渴望的都市生活方式和向上流动性的象征。这些年轻人希望有朝一日能从服务于车主的人变成接受客户服务的车主。像"汽车之友"经销店这样的工作场所是不同人群的生活交汇之处，是透过日常互动的方式协商并再生产阶层差异的关键场所。

改革开放以来，社会阶层逐渐形成新的形态。在当代城市生活中，社会差异随处可见。20世纪90年代，若以流行话语作为社会差异的参考，可知当时社会差异以农村与城市之间或外地人与本地人之间的差异为主，但时至今日，这些已经不再是最主要的社会差异。现在的差异表现在教育、就业、工资、社交圈和生活方式等方方面面，这些差异之处被人们当作社会流动性的代际差异而体验和感知。阶层差异常常与城乡鸿沟和其他结构性不平等交织在一起，越来越多地被用作理解社会经济差距的框架。

社会差异被重新塑造，但新的身份尚未固化、尚未得到清晰阐述，在这样的时代，"素质"话语在某种程度上提供了一个新的术语来帮助理解这些转变。自国家以"素质"来宣传"国家发展和人口素质息息相关"的观念以来，"素质"话语就与教育密切相关。中国历史上的文人文化把内在品质与后天修养紧密相连，[6]"素质"话语与这一信念相融合，它诉说了中产阶级的生活体验，捕捉到他们在充满不确定性的时代背景下对社会流动的焦虑。

如今，"素质"似乎是针对个人的，不一定与这个人的家庭背景相关。"素质"可以在人生历程中得到提升。所以一个人经过培养可以从低素质变成高素质；每个人都存在翻身的可能性。在"素质"话语中，阶层差异是具有空间性和等级性的。[7]这种空间性的想象往往通过工作关系中的空间安排得到加强。这种空间性的想象还跟对向上社会流动的描述一样——"沿社会的阶梯往上走"。

值得强调的是，中产阶级对"素质"概念的使用与其说是操纵或演绎，不如说是挪用话语来捕捉他们自身的主观体验。因此，解读"素质"对受过教育的中产阶级的意义为我们提供了一个窗口，让我们得以了解他们怎么看待过去和现在、如何为未来做规划，并为在新时代面临日益扩大的社会差距的社会环境赋予了合法性。

第五章

车牌之争

成为自由且理性的消费者的重要性

"22万第三次！成交！"随着木槌敲击的脆响，车牌"888B8"的成交价尘埃落定，这也是当天的最高出价。会场瞬间掌声雷动，台下的竞拍人以及他们的家人朋友向中标者表示祝贺。坐在媒体区的大多数记者，包括我，都停下记笔记的手加入热烈鼓掌的行列。在我们身后，摄影师正忙着拍摄出价最高的人——两位穿着T恤和短裤的中年男子。2007年7月21日，第十四届乘用车车牌拍卖会在广州星海音乐厅举行，这是整场拍卖会的高潮。

在当代社会，车牌是机动车体制的一个重要组成部分，但社科领域的学者们几乎没有给予它任何关注。车牌号类似于一栋建筑物的门牌号，或是一个人的身份证号，人们把它刻在一块金属板上作为汽车的标记。车牌号码由字母和数字组成，遵循一定的标准而产生，但每一个都独一无二。车轮不停，汽车到处移动，但牌照系统让汽车变得可记录、可追踪、可计算。随着全球定位系统、闭路电视和数据处理等技术的普及，车牌可以管控并追踪原本无法控制的个体移动。是否拥有轿车可能是一种选择，但给轿车上牌照是一种强制性义务。一旦获得汽车牌照，驾驶者、车主和他们的家人就相当于接受国家的全面监管。

不过，车牌不只是一块刻有数字和字母的冰冷铁板，还可以是车主的个人说明。在许多国家，花额外的钱定制个性化车牌是一种普遍做法。2007年，美国机动车辆管理协会（American Association of Motor Vehicle Administrators）进行了一项调查，发现挂着个性化"面子车牌"的机动车高达930万辆（Lonce 2009）。

与美国不同的是，"面子车牌"在中国并不多见。轿车市场的自由化并没有出现政府对车牌监管的自由化。2005年至2010年期间，广州市仍然只允许通过拍卖的方式获得含有幸运数字的"吉祥车牌"——可以算作一种独特的"面子车牌"，因为车主只能从市政府指定的限量车牌号码中做有限的选择，而不是完全由自己做个性化定制。然而，激烈的竞价导致一些车牌的价格甚至超过了中型轿车，这无疑使它们成了虚荣心的载体。

为什么这些车牌如此之贵？这些"吉祥车牌"的价值是如何被构建，中产阶级又是如何感知它们的价值的？这些都是本章要讨论的问题。在我看来，无论是马克思关于商品的研究，还是齐美尔（Georg Simmel）关于价值和流通的理论，都不足以让我们理解这些"吉祥车牌"的吸引力。但是如果将车牌拍卖仅仅视为一种地位竞争，可能会忽视它的复杂性。

要解剖这种复杂性，就需要梳理背后的结构，正是这层层叠叠的结构，"吉祥车牌"及其拍卖的过程被构建为有意义的事与物。借鉴他人对拍卖活动的分析，我关注到四种制度和文化背景。我会先从规范车牌号发放的各种规定说起。由于制度上限制选择，反而让可以选择车牌的自由——无论选择范围多么有限——变得有价值，令人渴望。之后，我会将视线推移到车牌号，阐释在日常生活中对数字的偏好是如何与越来越多关于命运和运气的言论联系在一起的。下一部分的讨论则将会转到车牌拍卖会。在得出结论之前，分析的最后一部分考察了中产阶级作为车牌竞拍的旁观者所持的若干观点。这些观点将会说明，拍卖"吉祥车牌"如何体现两种消费价值观之间的冲突，而且这两种价值观都对中产阶级的身份塑造至关重要。

因此，"吉祥车牌"的拍卖就像一个棱镜，通过它，我们可以看到国家与经济、逻辑和实践之间的界限是如何建立的。而普通民众——本文中指中产阶级专业人士——试图在不稳定的生活中弄清楚这些界限，试图弄清楚自己是什么类型的人。对正在经历转变的人来说，所有这些对于理解转变本身都很重要。

汽车牌照：作为例外的自由选择

斯蒂芬·隆切（Stefan J. Lonce 2009）在观察了美国的案例后认为，"面子车牌"反映了追求自由、流动性和乐趣的价值观。

按科滕·塞勒（Cotten Seiler 2008）的说法，这种价值观深深植根于美国关于"美国公民的身份意味着什么"的意识形态中。这样的意识形态影响了美国对于"面子车牌"的监管。定制个性化车牌只需要支付很少的费用，而且对如何选择字母数字组合没有太多限制。

但在中国，情况并非如此。曾经有过一段非常短的政策放开期，车主可以按照自己的意愿设计自己的车牌。2002年8月12日，中央在4个指定城市（北京、天津、杭州、深圳）试行个性化车牌制度。然而这一政策只持续了10天便夭折，而且官方没有对此给出任何理由和解释（Wang Le 2002）。根据一位教授在报纸采访中的说法（Wang Li 2002），原因包括一些自行设计的车牌不符合道德要求（如SEX-001），一些涉及商标侵权（如IBM-001），一些以已存在的组织命名，容易引起混淆（如NBA、FBI），还有一些涉及敏感问题，"可能会伤害其他国家人民的感情"（如USA-911）。

中国的车牌遵循7个字符的模式，包括一个汉字、几个英文字母和数字。除了高级政府车辆或使领馆车辆之外，一般车牌号的前两个符号表示车辆注册地。第一个汉字代表省份，后面的字母表示城市或城镇，通常字母A代表该省的省会。前两个字符对于规定的实施至关重要，因为它们用于区分本地车辆和外地车辆。[1]车牌的后5个符号由当地政府决定，通常是数字和字母的组合，偶尔也会出现5个符号都是数字的情况。目前系统生成的车牌号一般包含的数字比字母多。

与中国许多城市一样，广州有标准化的汽车登记和上牌程序，选择车牌号码和安装车牌在车管所进行。2006年秋天我在一家经销商实习时，广州交管部门已经开始使用电脑程序生成随机号码供车主选择。只需点击手掌大小的键盘，数十个数字就会在屏幕上快速滚动。数字变化的速度快到人们永远无法准确说出闪过的那些数字是什么。选择号码的人再次点击，屏幕上就会显示一个不动的号码（参见图6）。在我实习的那段时间，车主或代办人可以操作两次，从两个号码中选择一个作为自己的车牌号。整个挑选过程用时还不到10分钟。2007年，市政府将可选择的车牌号数量从2个增加到5个，2008年又从5个增加到10个。自2008年10月起，市政府还允许在有限的范围内使用半自主设计的车牌号码。[2]走标准程序取得车牌的成本不超过1000元。

除了标准化的上牌程序外，市政府于2006年4月启动了幸运数字车牌拍卖。被拍卖的车牌号通常包含数字3、6、8、9中的3到4个。"吉祥车牌"的另一种流行格式是单一数字重复3到4次的组合，如111L1、388C8和8888Q。

图6　一位车主在车管所选择车牌号，作者摄于2007年

市政府指定广州产权

交易所（以下简称GEMAS）组织和实施拍卖。这些拍卖会据称是基于"一种民俗文化活动"，目的是满足"高端车主对幸运数字的需求，同时设立竞拍，为公益目的而筹集资金，为构建社会和谐做出贡献"（GEMAS 2006）。根据政府在每次拍卖前向公众发布的声明，拍卖所得款项将投入到交通基础设施建设、道路救援和为交通事故受害者提供补贴的公共基金。

为了试水，市政府最初提供了300个乘用车车牌号用于第一次拍卖竞价。车牌数量很快减少到150个，此后在一段时间内始终供应100个。在后来的拍卖中，车牌数量进一步减少到70个。2006年和2007年，拍卖会最为频繁，几乎每月举办一次。虽然2008年1月至2015年10月其间仅举行了25场拍卖，[3]但2008年以后的最高出价往往高于此前的拍卖（参见表5）。

表5　2006年4月至2015年8月每次拍卖的前10个最高竞价价格（按价格高低排序）*

排名	日期（年/月）	价格（千元）	车牌号
1	2010/10	1,314	8888Q
2	2011/1	952	9999S
3	2011/12	901	8888V
4	2007/10	747	000F1
5	2012/4	662	9999W

续 表

排名	日期（年/月）	价格（千元）	车牌号
6	2009/12	651	9999K
7	2012/9	609	8888Y
8	2010/4	561	9999M
9	2011/7	454	8888U
10	2015/6	450	K999A

注：从2006年4月到2015年8月共进行了44次拍卖。我在当地报纸上找不到第40次和第42次拍卖（2014年3月和9月）和2015年7月以来的拍卖价格信息。但是，从关注高价的报道风格来看，这两次的最高竞拍价格不可能接近前三名，很有可能在前十之外。

资料来源：当地主要报纸的报道，包括《羊城晚报》《新快报》《南方都市报》《信息时报》。

　　媒体和汽车经销商都把2007年7月看作是广州市车牌竞拍的重要节点。在以前的国家政策下，车牌与车绑定，而不是车主。[4]一些车主对竞拍持保留态度，就是因为他们知道车牌再昂贵，换车时也必须放弃。而从2007年7月开始，车牌号码与车主绑定，旧车牌可以安装在同一车主的新车上了。

　　最初，拍卖会在体育场举行，后来轮流在珠岛宾馆的大宴会厅、星海音乐厅和广州旧交易会会馆举行。拍卖会场实行入场限制，以确保没有无关人员混入。除记者外，拍卖参与者必须是车主本人，且需要在会场入口处出示机动车登记证书。等待上牌的轿车大多是豪车，如梅赛德斯-奔驰、宝马和雷克萨斯。随着时间的推移，保时捷和其他高端跑车的数量也越来越多。

"吉祥车牌"拍卖和自2012年6月起生效的另一种拍卖形式有所区别。新的拍卖形式还伴随着一项旨在控制该市轿车数量增长的新政策。在这项政策下，每年将为乘用车发放共计12万个新牌照（平均每月1万个）。混合动力轿车或电动轿车会优先得到名额。其余乘用车分为两类，一半通过抽签分配，另一半通过拍卖分配（这种拍卖称为"限额竞拍"，见图7）。潜在的车主可以通过电脑联网出价，而无须看到其他竞拍人。限额竞拍让车主有权按照标准程序获得牌照，而它与"吉祥车牌"拍卖是平行关系。

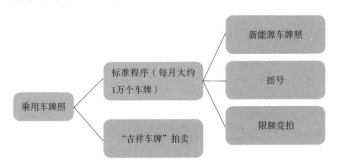

图7 广州的汽车上牌程序

车主们能够明确区分这两种不同的拍卖形式：通过限额竞拍给轿车上牌严格来说是一种行政程序，是控制城市轿车数量增长的一种方式。但"吉祥车牌"的拍卖是不同的，部分原因是拍卖属于一种市场化的表现（我在后文会继续解释）。另一部分原因在于，在标准流程中，计算机程序决定一个人可以拥有的车牌号。即使可以限额竞拍，车主们觉得这更像是一种为了提高获得买车名额的可能性而做出的战略决策，而不是选择他们喜欢的东西。相比之下，"吉祥车牌"拍卖虽然仍然无法百分百定制出他们想要的车牌号，但竞拍人可以从给定的清单中选择他们喜欢的号码。

从这个意义上来说，"吉祥车牌"的拍卖体现了"自由是有代价的"这句话——我的中产阶级受访者们经常跟我提起。然而，"吉祥车牌"的价值并非只来源于自由感，还来自于车牌号中的数字。

迷人的车牌，吉祥的数字

让·鲍德里亚（Jean Baudrillard）在他对艺术品拍卖的分析中指出，一幅画在流通过程中，其象征价值将被"分解为审美功能"和符号价值（1981，120）。"拍卖的核心功能是一种特权群体的制度，这些特权群体通过对有限的符号进行激烈的投机来定义自己是特权群体"（117）。"'审美享受'和被贴上'绝对'标签的价值，是留给那些不能参加特权阶级盛宴的人的"（121）。统治支配地位不是因特权阶级投资的经济价值而产生，而是通过控制意义创造的过程来实现的。

鲍德里亚研究的艺术品拍卖与上述的车牌拍卖有一个相似之处：它们都不遵循以使用价值为基础的经济考量逻辑，竞拍只是一个制造群体的过程。然而，在剖析价值嬗变的过程时，鲍德里亚承认一幅画具有真实的价值——"谱系价值"：在它自身历史中，随着它从一任收藏者转到下一任，它的声望也不断提高（1981，120）。一幅画的审美价值被认为是"具有普遍性的"，这普遍性审美价值经由博物馆等文化机构维系着，正是这种审美价值，使拍卖和艺术市场的运作合法化。如果车牌号也具有谱系价值，那么这种谱系价值将建立在什么样的社会文化语境之中呢？

观察家们早就注意到中国的数字文化。从城墙上的城门数量到社交活动的吉日，数字在中国传统的建筑、城市规划、帝国秩序和各类仪式中都扮演着重要的角色。数字可以暗示一个人的社会和政治地位，例如用于装饰屋顶的动物数量或用于国家仪式的器皿数量。石瑞（Charles Stafford 2009, 2010）深入研究了古典文学、宇宙观和大众宗教仪式中的数字结构。在对中国台湾农村和中国大陆的研究中，他认为数字为人们提供了理解人生的方式。通过这种方式，人们意识到自己的生活是不同于他人的独特经历。因此，在中国传统中，"数字本身可能被视为有意义的、创造性的，甚至是诗意的东西，它们经常在个人自我描述中占据显著地位"（Stafford 2009, 111）。

虽然数字象征意义的逻辑可能相似，但在中国台湾农村日常生活中对于数字意义的配置可能与中国大陆（尤其是在大陆的城市地区）不同。在20世纪70年代末以前的中国大陆，许多与数字有关的做法被视为封建迷信，并与落后的中国和旧时的统治精英联系在一起。而在成立新中国的过程中，这些与数字相关的实践受到公开谴责并且从此销声匿迹（尤其是在城市地区，至少在公共场所是如此）。近年来，对数字的特别关注卷土重来。来自中国不同地区的城市专业人士告诉我，直到最近，他们的家乡才出现相信数字能够带来好运气的想法。他们认为，这种信念发源自中国南方，而南方则是自改革开放以来，通过大众媒体、流行文化和宗教交流受到了中国香港和中国台湾的影响。

对数字的偏好重出江湖，当中数字8可以说是最令人垂涎的，尤其是在商务人士中；此外3、6和9也很受欢迎。这种偏好建立在一种谐音的文字游戏上：所有这些数字的发音都类似于与好运（6，顺；8，发）、长寿（9，久）或精力充沛（3，生）相关的字。人们通常避免使用数字4，因为它听起来像"死"。[5]除了这些普遍通行的规则之外，还有一些地方特性。以数字4为例。由于汉语语言的多样性，"4"在粤语和普通话中发音像"死"，但在其他一些方言中发音像"财"。数字4在广州可能不受欢迎，但在其他一些地方却受到热捧。

在某些情况下，数字偏好源自数字和对象之间的视觉相似性，这种相似性根植于当地流传的知识，或者公众或特定群体的共同认知中。

许多高层建筑的电梯没有4、14和24层（这些楼层本身在建筑物中也"不存在"）的按钮，这是数字偏好的体现。手机SIM卡的价格也根据其号码而有所不同（Gerth 2010）。追求"吉祥车牌"是涉及数字偏好的多种行为之一。这样的追捧不仅存在于拍卖场，也存在于执行汽车上牌标准流程的交管部门。

选车牌号是新车主的一件大事，大多数新车主都会带着家人（有时是全家人）来见证上牌过程。朋友们一起见证一辆车正式成为车主全家的座驾的情况也是很常见的。在派出所排队时，许多人站在指定的队伍后面，观看选号过程。一些人努力靠近显示器以便看到数字，但是其实不需要靠近柜台就可以知道屏幕上出现的数字好坏。每当出现好的组合时，整个"亲友团"都会鼓掌欢呼（图8）。

一些新车主比其他人更热衷于追求好数字。在我实习期间经手的所有车主中，童先生是最积极想要拿到好车牌号的一位。在车管所遇到他时，我和一名销售人员正在陪同客户李小姐办理牌照手续。童先生是一名小企业家，在车管所那里登记了他的第

图8 车主及其家人朋友在车管所观看车牌号选择过程，作者摄于2007年

三辆车，一辆黑色凯美瑞。他认出了李小姐，李小姐是一家国有银行的经理，负责处理他的银行业务。看到我们也在那里选车牌号，童先生很兴奋，并且分享了他的故事。

童先生喜欢数字8。他将标准发号流程摸得烂熟之后意识到计算机系统生成的数字只有部分是随机的，因为某些字母或数字是按顺序出现的。汽车经销店的同事也证实了童先生所说的话：通过数字字母组合的顺序，可以大致判断出过去3个月内新车牌的签发日期。童先生订购了新车后，就先去车管所大厅观察了几天。一开始，大多数车牌号的数字都是以24或25开头。他等了两天，直到数字28或29占了大多数。为了增加运气，童先生甚至带着他5岁的侄子来按键盘上的数字选择键。民间有句古话说，童子手有神通，能带来好运。童先生的精心计划得到了回报：他的车牌上全部都是吉利数字。他很自豪，因为他只花了很少的钱就得到了一个可以与拍卖会上的车牌相媲美的好数字。童先生还不忘问李小姐的车牌号，在得知李小姐没有任何准备就拿到了好号码后，童先生连连说："你真幸运。"

相反，李小姐一开始就告诉我，她并不关心她会得到什么号码。"我在工作中一直在处理数字。它们只是数字。"作为一位30多岁的单身女性，李小姐决定买一辆紧凑型两厢小轿车，用她自己的话说，是"为了开心"。她付钱给经销商，让他们替她办理大部分的证件。直到最后阶段，她才请了半天假亲自到车管所选车牌号。我们在排长队时，她还有点不耐烦。最终，她拿到了包含2、8、9这三个数字的车牌号。童先生告诉她这真的是个好车牌号，尤其是她没有投入任何时间和精力就拿到了这个号码。李小姐对车牌号也很满意，尤其是在她听说童先生为他的车牌号费了多少力气之后。"运气站在了我这边。"她说。她的好心情让原本因漫长等待和其他行政手续问题而滋生出的抱怨显得无足轻重。虽然我在汽车经销店的同事那里，也看到或听说过像童先生这样的新车主，但我认识的大多数车主都像李小姐一样，更愿意等待运气的眷顾，而不是主动去追求好号码。

一般来说，我采访的中产阶级人士并没有简单地将这种数字偏好等同于迷信。他们很少直接回答我是否相信这种数字与运气相关的做法。我得到的回答通常是"很难说"。正如研究中国不同社区内"命运"概念的学者所建议的（Basu 1991; Harrell 1977，1987），信仰与日常生活决策之间的关系绝非简单明了。一方面，这种模糊性源于多年的学校教育，他们被教导用科学的眼光看待世界。受访者告诉我，在科学中，没有证据表明某些数字与运气或"命"之间存在联系。另一方面，多年来，这些中产阶级专业人士越来越感受到命运对生活的影响。正因命运的安排，他们没有出生在极度贫困的家庭，否则他们将没有任何向上层社会流动的机会。他们很幸运能够在城市地区长大，并拥有体面的职业，让他们能够逐渐走向社会上层。但是，他们同时认为，也是因为命运的安排，他们没有出生在富裕的家庭。否则他们不用经过多年辛苦工作才被提升到他们想要的职位。当他们看到一个农民（通常被认为是"不幸的"）成为百万富翁时，他们觉得命运在与自己作对。因为随着21世纪城市的扩张和发展，农村土地成为宝贵的资产。尽管如此，正如郝瑞（Harrell 1987）所指出的，在不否认个人辛勤工作的重要性的情况下，我的中产阶级受访者越来越承认，有某种比自我努力更重要的东西——他们通常称之为"命运"——塑造了他们的生活和机遇。

我的一些受访者相信命运只能通过事后追溯来解释，而不能提前预见。然而，遵循有关运气和命运的习俗，在某种程度上是对他们无法控制的力量表示敬意，遵循这些做法即使没让情况变好，至少也没让情况变坏。同样的逻辑也适用于为什么有些人会用数字偏好（和回避）来表达对运气，特别是对财富的渴望。

这种对数字的偏好确实是广州产权交易所所称的"一种民俗文化活动"。如果说博物馆是为艺术市场维持绘画审美价值的文化机构，那么，有关命运的实践提供了一个文化框架，通过这个框架，车牌号的拍卖变得有意义。然而，文化实践本身并不能决定数字的市场价值。为了从经济角度了解它的另一侧面，让我们转而来看拍卖机制。

"吉祥车牌"拍卖会：市场的表演舞台

车牌号和车牌是一种政府管理技术的实体形式。从控制和监管的角度来看，每个车牌号的作用都是相同的。车牌号以马克思主义的眼光来看几乎没有价值，因为它不包含多少人力或物力资源。齐美尔（2004）强调流通是商品价值的结构，他认为，由于流通受到高度限制，车牌接近于无价值。车牌号被用来在车牌和车辆之间建立一个特定的对应关系，以达到管理的目的，所以要防止车主们自由交换车牌号。车主购买车牌属于一次性交易，不能将牌照号码再转手给他人。

为了理解车牌的经济价值（就金钱而言）是如何产生的，我认为应当关注互动的形式——拍卖。如果我没有像本章开头提到的那样坐在拍卖场内观察竞价，我就不会意识到拍卖的转化效果。这场拍卖会是2007年7月在星海音乐厅举行的。我第一次看到政府拍卖的消息是在当地的报纸上。当时我还不知道这个活动的排他性：竞拍者必须是准备竞拍的车主、车主的亲友或者记者。经过一番折腾，我终于给自己弄到了一张入场证，上面写着我是当地一家大报社的实习生。我坐在面向舞台的二层媒体区，这个方位让记者可以清楚地看到坐在舞台正对的观众席上的竞拍人和他们的家人朋友，大多数都是中年人。似乎没有人是单独一个人来的。有人带了朋友，许多人则是全家上阵，带着年幼或青春期的孩子。他们穿着低调的服装——看起来就像普通的街头服饰，但其材料和配饰的质地却暴露了真实的价格。在舞台背后的座位区，工作人员正在为中标者处理文件。舞台上摆放着为工作人员和拍卖师准备的桌子和看台，他们都穿着西装。拍卖公司和广州产权交易所的工作人员坐在舞台后面。一条写明这是何种场

图9　音乐厅里的拍卖舞台，作者摄于2007年

合的大横幅被挂在舞台后面更高的座位上，对着一架大管风琴（图9）。在这种非市场环境下进行拍卖，我不禁感到有点别扭。

　　第一位拍卖师是一名30岁出头的年轻人，他用带有浓重南方口音的普通话告诉竞买人，上一场拍卖的平均价格为7.1万人民币。虽然参与者可以举起自己的投标卡，以1000元的增量提高竞拍价，但他鼓励他们直接喊价以加快速度。他说根据他的经验，当出价超过7万元时，竞拍者通常开始大声喊价。

　　第四块车牌（168B8）以10.1万元人民币的价格拍出，这只是一个热身。竞价最高的是第五块车牌888B8。不同于其他数字5000元起拍价，888B8的起拍价是1万元。数字和起拍价一公布，就有10多位竞拍者举起了投标卡。但很快就被一个年轻人抢了先机，他喊道："6万。"片刻的寂静之后，紧接着又是新一轮的竞标浪潮。即使作为一个旁观者，我也很激动，又有点同情这位年轻的拍卖师，因为他几乎跟不上在空中挥舞的竞价牌。当价格达到15万元时，竞标者的数量才开始减少。最后只剩下两家竞争对手，但当价格上升到18.9万元时，突然又有其他人加入战局，竞购战再度燃起。"22万元一次！22万元两次！成交！中标者是……"年轻的拍卖师敲了一下槌子，确定了当天的最高出价。我和其他记者跟着坐在大厅中央的竞拍人一起热情地鼓掌。

在亲自到场参与拍卖会之前，我一度非常反感媒体夸张的报道风格。有关拍卖会的新闻里充斥着"天价"之类的词，甚至是44万元这样在我看来已经不低的出价，记者在将其与以往价格进行比较后，都带着遗憾的语气使用"只不过"这样的措辞。然而，当我坐在拍卖现场时却体会到在场参与者们的热情是发自内心的，并且极具感染力。当最高出价出现时，所有记者都欢呼起来；每当有车牌号以高价出售时，我们都会鼓掌；如果一个好的数字没有买家，我们真的很失望，我们都想亲眼看到新纪录的诞生。正是在这一刻，我意识到那些夸张的话语，那些关于拍卖的新闻文章中遗憾或兴奋的语气，都是现场拍卖感受的真实写照。

"吉祥车牌"拍卖对媒体来说是一场盛大的活动。可供竞拍的车牌号会在拍卖日前10天在当地各大报纸上公布。当地电视台会在晚间新闻中播放车主踊跃竞价的画面。拍卖结束的第二天，人们可以轻松地从印刷报纸、新闻网页和网络论坛找到有关竞拍的报道，包括最贵的车牌及其成交价、成交车牌的总金额及平均价格，并附有显示投标人举着他们车牌号的图片。有时车主夺得了最昂贵车牌，他们的汽车品牌和型号会被公开。尽管限制性规定将大多数市民拒之门外，但他们借助媒体的镜头被带进了拍卖场。

　　拍卖界定了交易的意义，这一效果可以在中产阶级车主怎样给车上牌时观察到。在拍卖过程中，我跟不同的人交谈，倾听竞拍人之间的对话。很明显，没有人认为这次拍卖是广州产权交易所所描述的慈善活动，这种热情与公益无关。相反，"购买"和"出售"是竞买人们用来描述这一事件的常用术语。在拍卖场外，我的其他受访者将竞价称为"消费"或"奢侈品消费"，反而将标准上牌流程称为"汽车注册"以及支付"行政费用"。

　　这种对比与实际花费的钱没有多大关系。并不是所有的"吉祥车牌"都被拍卖出去，很多只是以起拍价5000元或1万元平淡售出。截至2015年，每场拍卖的"吉祥车牌"成交均价在1.7万元至12万元之间，但实际上相当多场拍卖会的成交均价都在2万元至4万元之间。这个价格与2012年之前标准上牌程序的费用相比高了很多。但从2012年开始，在前文提到的因限购而实施的限额竞拍开始后，广州车主如果选择竞拍牌照，需要支付的费用超过1万元。在上海，也有类似的限额拍卖制度。10多年来，月平均成交价一直在7万元以上。然而，我很少听到我的受访者们将限额竞拍称为"车牌消费"。

　　关于市场和戏剧之间的共生关系，琼-克里斯托夫·阿格纽（Jean-Christophe Agnew）断言："市场作为一种社会制度的合法性与其戏剧性密不可分，因为中世纪的权威和真实性标准要求它两种属性都要具备：它需要被刻意地展示、表演和见证。"（1986，40）尽管他的研究侧重于中世纪，但其论点仍然适用于当今中国的车牌拍卖。在政府的支持下，拍卖戏剧性地上演了买卖行为。它吸引了卖家（政府）、买家（富裕的精英）和观众（中产阶级人士和其他媒体受众）。这些主要的参与者是自愿参加谈判进程而非被迫。竞拍过程是对抗性的，这一特质加剧了激烈的价格竞争。竞拍的氛围、媒体的炒作和标题创造了一种具体的感觉和有形的市场体验，这使得参与拍卖的体验与通过标准程序在交管部门给汽车上牌截然不同。阿尔君·阿帕杜莱指出，拍卖"突出了物品的商品维度"（1986，15）。他的观点似乎暗示商品在市场运作之前就已经存在。但是，如果按照他的论点，即某物的价值取决于它在流通过程中的社会文化背景，那么我们能不能强调，市场和商品也是个相互构建的过程？"吉祥车牌"拍卖这个例子可以用来进一步发展阿帕杜莱的观点。拍卖是市场得以演绎的基本结构和过程。拍卖创造了一个边缘的时间和空间，在这个时空中，物质化形式和商品之间的界限变得模糊，从而让车牌号得以被想象和理解为具有市场价值的商品。

消费的自由，理性的消费者

多年来，我一直在问受访者，他们对在"吉祥车牌"拍卖中花这么多钱买一串数字和字母有什么看法。他们通常将自己的态度描述为"我理解但不会参与这种消费"。他们的理由具有双重性。

　　一方面，中产阶级的车主们坚持认为消费是自己的事。决定消费与否是属于私人领域的事务，服从于个人的自主权。他们一致认为，作为消费者，以自己希望的方式消费是个人的选择和自由。

　　一位年轻的医生对2007年的"吉祥车牌"拍卖评论道："有人愿意卖，有人愿意买，这有什么问题吗？如果他们相信这些数字是个好兆头，愿意为这些数字买单，那就去买。"类似的评论也出现在我和受访者关于其他话题的对话中，比如买车的原因。一个人买车除了为解决实际的问题（参见第一章和第二章）之外，买车的理由也可以纯粹出于他的自由。2010年，我陪同陆律师（参见第一章）和他的家人去购买他们的第二辆轿车时，我和他进行了一次长谈。当我们谈到国外关于中国消费者的刻板印象——地位驱动、品牌敏感以及其他形象时，陆律师说：

　　　　如果我们花钱买自己喜欢的轿车，西方会指责我们污染了空气。如果我们不买东西，西方会指责我们没有花足够的钱来刺激全球经济。但资本主义不是他们自己发明的吗？他们不是提倡市场经济吗？这就是市场经济的规则：我的钱是我自己辛辛苦苦工作挣来的，那就由我决定怎么花。

　　当我和陆律师谈到2013年和2014年的拍卖时，他强调这就是市场运行的方式。车牌是一种稀有资源，因为每个车牌号只能属于一个人。竞拍人自愿选择参加拍卖。"你情我愿。这就是市场。"他说。

同样的道理，2010年我们谈论价值百万美元的车牌时，一位年轻的银行家半开玩笑地告诉我："西方不是经常说，'虽然我不同意你说的话，但我会捍卫你的言论自由吗？'所以，我可能不同意他们如何花钱，但我会捍卫他们消费的权利。"

另一方面，许多中产阶级受访者觉得，买牌照的钱花得比买车还多，是没品位的行为。虽然他们有经济能力，但他们中没有人去竞拍"吉祥车牌"，并且坚称永远不会这么做。对他们来说，消费应该是"适度的"和"理性的"。

一个理性的决定不仅仅关乎价格，也取决于人们支付这笔钱之后能得到什么。对他们来说，花7万元买一张上海车牌，可能比花同样的钱在广州"吉祥车牌"拍卖中竞拍一张带有3个6的车牌更合理。如果一个人必须每天往返于市中心的工作地点和郊区的家之间，一张上海车牌可以让他在城里开车，而外地车牌不行。因此，虽然外地车牌会便宜很多，但花费7万元会给工作和生活带来更多的便利。不可否认，上海车牌是身份的象征，但它的高昂价格也的确带来了实用功能。相比之下，在广州拍卖的车牌，虽然数字可能听起来不错，但不会给车主在开车时带来任何其他的便利。

对受访者们来说，"吉祥车牌"拍卖是新富阶层的游戏。在2009年8月的拍卖中，一位车主花了15.9万元购买了带有数字"3333"的车牌，并用在了一辆奇瑞QQ轿车上。媒体戏称它为

"小马配好鞍"。对我的受访者来说，这是一种典型的暴发户炫富方式。为了得到一个容易记住的数字或暗示好运的数字而多花钱是可以理解和接受的，但花3倍的购车费买一块车牌是"浪费钱"，是"非理性消费"，是不明智的。一位律师冷嘲热讽地说："把这么贵的车牌挂在你的车上，就是邀请坏人抢劫或绑架你。这不是傻吗？"

虽然广州产权交易所声称拍卖是为公益筹集资金的一种方式，但受访者们认为这只是一个好看的幌子，因为没有人知道这笔钱究竟去了哪里、被如何使用。我的受访者们也不相信车牌竞买人对慈善事业或公益感兴趣。2010年，一位大学老师对一块价值百万美元的车牌评论道："胡闹！为什么他们不能把钱用来帮助上不起学的孩子？为什么不能直接为社会做点好事呢？"

值得注意的是，中产阶级对某些炫耀性消费并不陌生。他们中的许多人拥有最先进的智能手机、时尚的海外旅行箱、名牌手袋和其他知名度很高的消费品。他们可能对爱马仕铂金包或劳力士手表是否配得上其华丽的价格意见不一，但他们一致认为这些品牌具有价值，无论是营销成本、质量保证，还是历史悠久的名气。从这个意义上说，即使是中产阶级所理解的炫耀性消费，使用价值和价格之间也或多或少存在着联系。但在他们看来，车牌拍卖违背了这一逻辑。"它们（车牌号）本质上只是数字"，他们认为这不需要任何营销，也没有历史价值。虽然他们分享了偏爱幸运数字的做法，但他们也认为，一个人不可能通过买"吉祥车牌"来增加自己的运气或改变自己的命运。

在很多方面，暴发户都是一个存在于想象中的客体。在中产阶级专业人士眼中，暴发户没有确切的定义，是指那些在相对较短的时间内致富的人。中产阶级认为，暴发户不像他们自己那样努力学习、努力工作，而是通过投机方式拔高自己的社会地位。借用一位电脑工程师对车牌拍卖的评论："他们（暴发户）的钱来得容易，去得也容易。他们不是靠辛苦工作赚来的钱，当然不介意乱撒钱。"暴发户用车牌之类的物品炫耀自己，反过来又强化了中产阶级对暴发户的看法，即他们缺乏教育和修养。通过强调"理性选择"和品位，城市中产阶级专业人士将自己与那些将大把的钱撒向炫耀性消费的人区分开来。

简而言之，通过对"吉祥车牌"拍卖的评论，中产阶级明确了两套关于消费的价值观。他们承认消费自由，也提倡理性消费，这两者并不总是协调一致。有趣的是，这些说法与弗雷德里克·埃林顿（Frederick Errington 1987）在蒙大拿州一个农村社区进行的拍卖研究如出一辙。在该案例中，强调与人为善的价值观与强调竞争力的价值观之间冲突十分明显。埃林顿认为，当地破产企业的物品被拍卖出售给社区中的其他人时，拍卖应被视为一种调节机制，既表现又包容了这些冲突的价值观，由此维系着社区的社会生活。我与埃林顿的观点一致，认为车牌拍卖也可以被视做一个结构性空间。借由这个空间，两组与消费有关的价值观在努力打造自己的中产阶级身份的专业人士中得以展示以及相互调和。

结　论

上牌是轿车从标准化产品转变为个性化对象的过程。一方面，牌照制度将轿车和个人之间的社会关系层级扁平化，形成一套标准化的编码体系。另一方面，每个车牌号的独特性让这块冰冷的金属变成了一个具有象征意义的情感表达的平台，承载着由更大的社会环境构建的情感、认知和意识形态。

事实上，"吉祥车牌"的拍卖清楚地显示了地方政府如何代入企业的角色积极参与创收。政治学家称之为"地方政府主义"（Oi 1992）。这在一定程度上是全国性财政改革的结果，这项改革要求地方政府为自己的支出负责。影响最突出的例子是土地销售，在卖地过程中，地方政府对收入的渴求恰好与房地产开发商对利润的追逐相互促成（Hsing 2010）。在车牌拍卖中，出售的东西本质上是国家权力的象征。

如果说中国的中产阶级和机动车体制的崛起总是给观察家留下"一切都是消费"的印象，那么这至少在一定程度上是因为国家和制度的布局留给其他想象、认可和实践的空间极度有限。政府精心安排的拍卖营造了一个市场空间，让有限的人可以参与竞争性支出。"面子车牌"已经变成了真正的"面子"，成为一种国家支持的财富展示新形式。从这个意义上说，是政府让社会分层的表现合法化并进一步强化了它（如果不能算作将其进行再生产的话）。

对中产阶级来说，拍卖会和这些"面子车牌"通常是熟悉又陌生的经历和物品。熟悉是因为给车辆上牌是车主的经历中不可避免的一部分，参与者理解或亲身经历过车牌上的幸运数字带来的快乐。但它又是陌生的，因为在个性车牌上的花费挑战了参与者和观察者的消费理性——在这种情况下，商品应该有一定的使用价值，而消费不应只是一种地位竞争。理性的、精打细算的消费行为成了一个有争议的领域，在这个领域中，人们试图从道德上把真正的中产阶级和粗鲁的暴发户区分开来。但值得注意的是，中产阶级和暴发户在统计数字上或社会学上并不是两个可区分的群体。毕竟，他们的大部分社会特征——向上更高的社会阶层攀爬、经济资本和职业——可能看起来十分相似。因此，中产阶级专业人士在消费选择上为了与暴发户相区别而进行的种种努力，应该被视为通过伦理和审美表达来建立身份认同的过程的一部分。

在这样的背景下，"命运"似乎是调和矛盾并让人们接受现实的一种有用的说法。但在某种程度上，与命运相关的话语又与他们关于教育、自我修养和努力工作的信念相矛盾。但他们追求的并不是逻辑连贯性。相反，自相矛盾的说法和理由，以及由此导致的沉默，帮助人们理解了自己在社会中的地位和周围发生的事情。在某种程度上，他们与车牌的互动体现了这些多层次的主观经验：结构化的机会、理性的考量、审慎的计划、运气和道德。

2017年6月，广州"吉祥车牌"拍卖会正式取消。

第六章

泊车

小区的竞争空间

　　我于2006年7月至2007年7月期间住在广州中产阶级居住的封闭式小区"都市家园"。2007年5月，开发商仓促将地下车库的80个停车位出售给了非该小区居民。可供临时或短期使用的停车位由此数量大减，从100多个减少到仅20多个。许多居民开车回家却被阻止进入车库，因为没有更多的停车位。

　　停车位出人意料地减少，引起了居民的抗议。这一切被电视台和当地报纸报道后引起轰动。6月18日，星期一早高峰时段刚过，居民开始采取行动：数十名居民开着他们的宝马、梅赛德斯—奔驰、丰田皇冠和其他豪华轿车上路，排成一排，挡住进出车库的车道。"都市家园"的保安试图说服司机结束封锁，但无济于事。直到晚上10点，相关部门出面干预，示威活动才结束。

　　第二天，100多条红色横幅出现在大楼的窗户和阳台外。其中较大的有1米宽，近10米长。部分阳台和窗户外甚至挂着多条横幅。横幅上的标语有"我要回家！我要泊车！还我车位！""团结一致！采取行动保护业主权益""我们业主不能接受强加于我们的昂贵停车位""和谐社会，不和谐的小区""请求政府还我们公道"。

乍一看，"都市家园"的抗议活动不过是中国各大城市内封闭式社区社会活动兴起的又一个例子。这些封闭式社区的兴起，加上单位住房制度的萎缩，改变了中国的城市空间秩序。封闭式社区让有产阶级的人退到属于他们的私人空间，并通过层层的大门和自治组织，如业主委员会，来维护自身的权益。（Fleischer 2010; Pow 2009; Tomba 2014; Zhang L. 2010）

当自身权益可能受损时，中产阶级居民通常会与邻居联合起来保护他们的财产免受这种威胁。通过这种以社区为基础的社会活动，他们与强大的行动主体进行对抗和谈判。因此，以社区为基础的社会活动鼓励一种新的城市治理形式，这实际上为国家在寻求通过自治主体进行治理时不断变化的统治战略作了补充。（Tomba 2005；Zhang L. 2010；Zhang和Ong 2008）

然而，仔细研究"都市家园"小区抗议事件前后的动态、策略和突发事件后会发现，由于中产阶级车主的停车位需求上升而引发的空间争议比前文所述的情形更加复杂。本章在进行探究时，既把停车作为偶然事件，又把它作为一个结构性问题。这种结构性问题影响了中产阶级的封闭式小区秩序和他们的生活环境，而小区秩序和生活环境又反过来塑造了这结构性问题。本文的讨论说明了中产阶级作为消费者和公民的赋权感和脆弱感。随着国家鼓励消费的政策和消费文化使他们对轿车等消费品和停车场等消费空间的诉求合法化，他们感到自己被赋予了权力。在他们站起来抗议、为自己辩护的同时，社区的支持仍然薄弱。封闭式管理并不一定有利于增进"都市家园"居民之间的团结。

发生在"都市家园"的抗议行动是独一无二的，因为它的背景是法律发生变化而房地产价格迅速上涨。尽管如此，这个案例中的居民互动即便不能代表中国其他地区的情况，至少可以展示了该市其他中产阶级封闭式小区的情形。正如在对广州、上海和北京的中产阶级小区的详细地理学研究中所表明的那样（Hazelzet和Wissink 2012；Li, Zhu和Li 2012；Wang, Li和Chai 2012；Yip 2012），如果将一个封闭式小区预设成是一个"社区"，可能会产生误导，因为居民的社交网络更多地基于工作关系和其他社会关系，而不是基于相同小区边界内的共享居住地。

由于缺乏团结，"都市家园"居民们的参与度有限。有趣的是，迫使各方妥协的是机动车体制不可避免的空间需求。

本章的材料来自我对"都市家园"小区为期一年的观察以及过去10年我对其他小区的定期访问，对法官、政府官员、大型房地产公司的管理人员和封闭式小区居民的采访。在本章中，我首先介绍"都市家园"抗议活动发生的语境，包括不断变化的国家法律法规、地方司法实践以及居民与物业管理公司之间的长期紧张关系。然后我聚焦于业主代表、物业管理公司和街道办事处之间的一次谈判会议，关注集中在各方以何种方式相互对抗。在下一节中，我将转向居民之间的内部动态，以探讨在这个小区中支撑抗议行动和其他社区活动的团结性问题。在分析了小区层面的微观动态之后，我将停车作为一个长期的结构性问题，并指出这是自"都市家园"抗议以来已经开始显现的趋势。

封闭式小区的停车问题：积聚的紧张关系

"都市家园"位于广州市商业写字楼区的中心位置，交通便利，于2003年在当地房地产市场的低潮期开始出售。房地产开发商以其黄金地段、公共设施和建筑设计吸引目标客户——中产中的更为富裕的那批人。该小区的5栋高层建筑内有公寓和单人套房合计约1200套。小区里有一个游泳池、一个篮球场、一个鱼池、一个儿童游乐场，以及被树木、灌木和鲜花覆盖的蜿蜒的人行道和休闲区。小区会所位于其中一栋建筑中。一扇门把小区与外界隔开并配有24小时的安保服务。其中3栋楼（1、4、5翼）的下三层大部分出租给餐馆、房屋中介和其他服务业，大楼入口都面向主要街道。在我居住期间，所有的公共设施和出租的公寓都委托给了一家名为"光华物业"的物业管理公司来管理，该公司在1号楼设有办公室，负责日常事务。

"都市家园"的地下车库拥有400个停车位。有两条车道将车库直接连接到公路，而无须通过小区有人看守的大门。2006年夏天，我搬进小区进行田野调查时，80个停车位已经卖给了位于小区内的餐馆老板，200个左右则被业主买下，其余的是公共停车位。访客和没有自己停车位的居民可以使用公共停车位，但需以小时或月为单位支付租金。

一开始，居民似乎并不关心停车位的购买。1号楼的一个房产中介在玻璃门上贴了一张告示，上面写着："小区内有大量停车位待售。"部分原因可能是车库确实有足够的空间供有车的人使用，也有部分原因可能是公共停车场的租金管制。为了适应轿车行业的快速增长，市政府在21世纪初发布了公共停车场的停车收费标准。[1]一个室内停车位每月收费400元。"都市家园"等私人所有的封闭式小区的公共停车位也受到租金管制。据多位居民反映，2004年购买一个停车位的费用在5万元左右。2007年年中，价格上涨至15万元，有的甚至高达20万元。在涉及公共利益的租金管制规定下，租用10年的停车位仍然比在许多封闭式小区中购买便宜。在21世纪初，与我交谈过的许多中产房主最终都是选择租赁而不是购买停车位。

变化悄然发生。2007年3月全国人大通过的新《物权法》，将于6个月后的10月生效，中产阶级车主首先感受到了这些变化。官方公告称，6个多月的过渡期是为了让人们熟悉新法，以免法律变化太过突然。新法律对于处理私人住房的许多财产问题是必要的，例如在中央计划经济体制下不存在的停车问题。新法以非常笼统的方式规定，住宅小区内公共区域的产权，包括花园和停车场，应属于该小区的房主集体所有，除非房屋销售合同另有约定。

此前，房地产开发商拥有无可置疑的权力，可以随心所欲地出售其房地产项目中的停车位。随着新的《物权法》出台，开发商不再理所当然地享有处理封闭式小区中的公共空间的权力。但是，对于2007年以前售出的封闭式小区公共场所的财产问题，该法并未具体规定如何处理。直到20世纪90年代中期甚至后期，大多数的住房销售合同都没有关于车位产权的条款。早在新法通过前几年，一些大开发商就开始在标准化合同中增加条款，明确表示车位的产权属于开发商。然而，"都市家园"的销售合同并没有这样的条款。

在抗议行动发生时，新的法律条文对"都市家园"等旧小区的影响尚不清楚。当地电视台的新闻报道和网上讨论称，这些持有旧销售合同的开发商可能无法再出售任何停车位，但法律专业人士和房地产公司对此则更为审慎。

雷法官是与我讨论新法的法官之一。他主持过市法院的房地产纠纷听证会。他怀疑新法律是否真的对居民有利。首先，法律对什么是"共同财产"的界定并不明确，因此留下了充分的解释空间。[2]其次，他指出了一条有利于开发商的有力论据：由于合同是在新法律生效之前签订的，因此可以主张说对合同有效力的法规应该是合同签订时已经生效的旧法规。由于没有关于这个问题的法律规定，过往的习惯做法可以构成法律裁决的基础，而这将更有利于开发商。

此外，法律专业人士指出，法律裁决必须考虑技术操作层面的问题。正如雷法官所说："我们必须考虑社会影响。"在"都市家园"案这样的冲突中，如果法院做出有利于居民的裁决，市法院和该市的下级法院或多或少会受到其决定的约束。因此，许多其他小区有类似诉求的居民可能会提起诉讼。已经不堪重负的法院不愿意看到案件增加的潜在可能。

虽然法律专业人士倾向于认为新法律可能不利于购房者，但房地产公司并不确定该法律接下来会朝着哪个方向发展。关先生曾在一家大型物业管理公司担任物业经理，经验丰富。该公司隶属于该市最大的房地产开发商之一。尽管它的母公司很强大，但关先生告诉我，根据他公司的内部法律顾问的说法，新法律的语言相当模糊，开发商及其管理公司应该先等待法院澄清停车场的产权及其他公共区域的问题。

我告诉关先生"都市家园"将80个车位出售的事情，以及在居民中流传着这些车位的个人买家是房地产开发公司所有者的谣言。关先生表示并不意外。由于"都市家园"的开发商不是房地产巨头，关先生猜测，出售小区车位是开发商在新法下避免损失的应对策略。

然而，"都市家园"的抗议不仅仅是部分车辆的停车问题。它深刻揭示了居民长期为管理组织自己的机构——"业主大会"及其执行机构"业主委员会"而进行的斗争。业主大会和业主委员会都是私人住房领域产生的新型组织。它们有权就小区中涉及公共利益的问题做出决定，包括如何分配公共设施以及聘请哪家物业管理公司。"都市家园"的一些居民曾在2005年和2006年两次尝试组织业主大会，但都失败了。

在这些尝试的过程中，居民和开发商选择的光华物业管理公司之间的关系变得紧张。由开发商挑选物业管理公司的做法是伴随20世纪80年代和90年代城市私人住宅开发的兴起而生。[3]在2003年之前，对于开发商如何选择管理公司并没有明确的指导方针或规定。2003年颁布的政府法令明确了在业主大会成立前，开发商必须通过招标程序选择合适的管理公司。业主大会可以用自己的选择取代开发商的选择。[4]

然而，"都市家园"的居民并不知道光华物业管理公司是如何被选出来的。许多居民怀疑房地产开发公司的所有者和光华物业管理公司的所有者即使不是同一个人，也可能有关联。这种怀疑并非完全没有根据，因为所有开发商巨头都有自己的物业管理公司负责其房地产项目（例如，关先生的物业管理公司及其关联的房地产开发商）。

在居民眼中，这种裙带关系是光华物业管理公司未能妥善完成工作的原因。居民抱怨光华物业管理公司收取高额管理费却提供了低质量的服务：没有人更换坏灯泡；公共区域不够干净；体育设施维护不善。在某些情况下，光华物业管理公司私自出租私人拥有的停车位，直到业主前来维权。当业主来拿回他们的停车位时，光华物业管理公司会向他们收取从购买车位之日起计算的管理费，同时拒绝将出租所得的任何租金收入转交给业主。

　　要换掉光华物业管理公司，居民首先必须召开业主大会；因此，他们在2007年进行了第三次尝试。这一次，居民成立了筹备委员会来召集大会。5月下旬，每个居民的邮箱中都被放了一张告示，呼吁在6月初召开业主大会，旨在选举委员会成员，以改变处理该小区公共事务的某些做法。到这个时候，80个停车位已经售罄。然而，正如其中一位组织者所承认的，他们在召集会议时并不打算处理停车问题。

　　于是，在一个炎热的夏日午后，200多名业主出现在篮球场上。因为法律要求需有一半以上有权投票的业主到场，法定人数不足，筹委会的努力再次付诸东流。由于光华物业管理公司拒绝提供小区中所有业主的必要联系信息，居民们不断指责其不合作态度，居民的指责声展示、强化和汇聚了他们的不满、沮丧和痛苦。

　　有人提到了公共停车位的意外消失。有人怀疑，物业管理公司与开发商串通，出售车位牟利。还有人称，管理处不想放弃出租车位的收入；因此，它在没有实际出售车位的情况下伪造交易，以便保留这些车位来收取租金。集会发生了急剧的转变，结果出乎意料。一个抗议行动的议程很快就形成了：先堵住车道，然后再挂横幅。所有的行动都是自愿的。几位发起人垫付了制作横幅的费用，这些费用有望在以后由小区居民的捐款来偿付。一些人在媒体上调动他们的人脉资源，让记者和电视台的摄像机来记录事件进展。

事后看来，停车位抗议行动是居民与物业管理公司之间长期紧张局势的偶发行动，而造成这种紧张局面的原因是快速发展的私人住房市场和不断变化的法律法规。

为和谐社区而协商

抗议后不久，一些居民、光华物业管理公司和"都市家园"所在街区的居民委员会进行了几轮谈判。城市内的居民委员会是20世纪50年代制度化的街道性组织（Townsend 1967, 158–165）。在当代行政结构中，虽然这些居民委员会并不是可以用自己的名义行使权力或决策的法人实体，但居民委员会被视为国家和社区之间的接合点（Wang J. 2005）。

其中一次谈判会议是在周二早上，也就是横幅出现在小区的一周后。到这个时候，大部分的横幅都已经被拆除了，只有三四条仍然挂在大楼上。会议在其中一栋住宅楼的大厅举行，会议厅是临时搭建的。在一张固定的宽长木凳的对面增加了十几把折叠椅，两张沙发相对而摆。当我走进去时，"都市家园"光华物业管理公司办公室的负责人易先生和抗议活动组织者之一的邵先生已经在那里了。谈判比预定的开始时间晚了10分钟，居委会的孟先生带着一名工作人员到了。他问是否所有的抗议横幅都已被取下。邵先生等人向他保证，除了两三个因为找不到公寓里的住户而未取之外，所有横幅都已经摘除。大厅里逐渐有居民露面。一名中年妇女抬来一箱瓶装水，分给大厅里的每一个人。在谈判过程中，居民来来去去，但参加的总人数保持在20人左右。

在没有明确约定的情况下，居委会的孟先生自然而然地主持了会议。孟先生自称是居委会的代表。他试图谨慎地在承认抗议活动的同时取得平衡：一方面，他对行动的起因——参加抗议的居民的不满和情绪——表示同情；另一方面，他试图借此淡化抗议活动的影响，他说他来是因为居委会真诚地致力于解决"都市家园"居民的停车问题。

孟先生讲话的主题是居委会努力服务居民和物业管理公司的需求，构建和谐社会。孟先生多次提到，他和各行政部门工作人员在抗议发生后的周五和周六召开了会议。他们一起努力寻找解决难题的方法。行政主管部门允许"都市家园"将1号楼前的大片空地用作居民的停车场。工作人员计算出，原本规划为公共交通空间的空地可以分为两排，每排可以停20辆车左右。

尽管孟先生强调居委会的努力，但光华物业管理公司策略性地拒绝了解决方案。光华物业并没有直接对孟先生说不。其一，该公司只派了"都市家园"管理处处长易先生作为代表参加本次会议。会议开始前，孟先生曾要求公司经理出席。易先生去了物业管理中心，但独自回来，告诉孟先生说物业公司的经理不在。孟先生没有提出进一步的要求，继续开会。以易先生的职权范围，他在"都市家园"的停车设施方面无法做出任何重大决定。

其次，在孟先生提出解决方案的建议后，易先生并没有承诺光华物业管理公司会处理小区前空地的停车问题。他笑着回答：
"那片区域不是我们管理的。我们如何管理停车问题？也没有法
律规定允许我们收取管理费来处理它。"一些居民说："主管机
构会提供相关文件。"孟先生也试图向易先生保证："各部门
已经内部相互协调过了。你们物业管理中心在这方面的顾虑是不
必要的。你们需要做的就只是在空地上划出车位，然后向主管部
门报备。"他指示那里的停车收费按照政府公共停车场租金管理
的规定来征收（室外停车费为每月150元）。然而，易先生在整
个会议期间保持沉默，既没有提出反驳，也没有做出任何形式的
承诺。

　　虽然一些居民不断催促孟先生迫使易先生做出具体承诺，但
也有其他人对孟先生提出的解决方案并不满意，因为在1号楼前
停车对其他楼的居民来说不方便。他们试图让孟先生在停车问题
的解决上更进一步。一位中年妇女告诉听众，过去她可以开车去
车库，停在通往她住房的电梯前，让她的孩子出去，把大件行李
放在那里，然后再去停好车。"如果我被迫在外面停车，我该如
何处理这些问题？"她问。

　　一些居民向光华物业管理公司提出了其他问题，并要求孟
先生介入。一名年轻男子紧跟在中年女子之后开口。他在车库买
了一个停车位。但他并不是一直在家。他转向孟先生，说道：
"我不在的时候，光华物业管理公司把我的车位出租出去赚钱！
你能不能说一下这个问题？"另一位居民抱怨说，光华物业管理

公司收取了高昂的管理费，但做得并不多。孟先生拒绝处理这些问题，只是简单地回答："这不是我今天来这里的目的。您必须与光华物业管理公司进行沟通。我来这里只是为了解决停车问题。"

在交流中，最常被提及的是"和谐"话语。"和谐"话语是一种规范化、形式化的述行话语。

孟先生总强调居民和物业公司要相互协调，共建和谐社区。光华物业管理公司将矛头指向居民，称抗议"对城市景观造成不良影响，扰乱社会稳定与和谐"。作为对指控的回应，居民们指责光华物业管理公司出售居民一直使用的大部分停车位是在制造一个"不和谐"的社区。居民的抗议和成立业主委员会的做法是为了维护他们的合法权益，建设"安全、舒适、和谐的社区"。

在一轮交流中，一位年长的居民说，"居委会的工作是管理"，目的是让孟先生对纠纷做出决定性的发言，毕竟孟先生一直代表居委会发声。孟先生当即反驳道："居委会是在提供服务。"居民回答说："既有管理，也有服务。但管理应该是人性化的。"孟先生只能表示同意。

一名中年居民在投诉停车问题时，他向孟先生和他所代表的"家长"致意。"家长"指一个家庭中父母或其他长辈成员。

孟一度明确告诉听众，"我们（的居委会）其实没有任何权力"，这也的确是行政法规定的。当时大堂顿时安静了下来。孟随后又开始重复之前在会议上说过的内容。一个中年妇女突然将一个水瓶扔在地上，不耐烦地大声说道："别重复了！别废话了！"一阵沉默，气氛变得有些尴尬。很快孟离开了，没说任何话。易先生也随即离去，把居民们留在了大厅里。

邵先生试图安抚一些将不满和委屈转向孟和居委会的居民："我们必须一步一步来。他不是在帮我们处理这件事（停车场）吗？下次我们可以再试一下。"话虽如此，由于大多数参与者都离开了，只有核心小组成员留在大厅里，邵先生直言不讳地怀疑居委会是否愿意再次参与另一轮谈判。他说中了。7月底，当我收拾好行李离开时，孟先生曾许诺的那个小广场还是没有用作临时停车场。光华物业管理公司办公室的员工和居民都告诉我，他们必须将轿车停在距离"都市家园"5分钟步行距离的大楼车库中。

孟先生虽然没有任何法律权力但被视为居委会代表，居民们依然对他表示相当的尊重。尽管如此，居委会在处理这一具体案件时的权力有限，因为他们无法干预解决两个基于民法有特定要求的非政府机构之间的争端。此外，停车位问题也涉及一系列关于改变土地用途的复杂的行政程序（稍后会详细介绍）。

由于居委会无法为居民解决停车问题，居民只能动用各种手段寻求解决。抗议活动是一种将问题掌握在自己手中的集体性尝试。然而，由于居民之间缺乏团结，这种集体性的努力无法持续。

疏远的邻居，分裂的社区

当人群正要离开大厅时，一位自称是加拿大人的年轻女子——实际上是加拿大护照持有人——开口了。"我就直说了。（组织业主大会的）筹备委员会的一些人似乎不太团结。除了你，邵先生，我没有看到其他人在做事情。"它揭示了在"都市家园"这样的小区自治机构的结构性问题：缺乏社会性和社区凝聚力。

"都市家园"在空间和社会上是分开的。5座高层建筑中的4座（2到5号楼）拥有大户型的房子。这些房子里住着两代或三代同堂的大家庭。[5]他们往往是长住居民。而积极参与社区政治的人就住在这一区。

1号楼在建筑上与其他4栋大厦分开。它的两个入口面向主要街道，而其他4栋建筑的入口分别面向带有24小时门禁的环绕花园区。1号楼是一栋混合用途的建筑，由无间隔公寓、中型住宅和办公室组成。据位于这座楼底层的房屋中介称，1号楼的居民以租房者居多，业主自己未必住在"都市家园"。

我在位于1号楼的无间隔公寓住了一年，在大楼里日常接触到的主要是各种公司员工。我在电梯和走廊上与他们的相遇往往只是沉默，他们几乎刻意避免与我进行眼神接触，而是尽可能与他们的同事交谈。我还会时不时碰到韩国人或日本人的家庭。我们微笑着互相点头，但语言障碍阻止了进一步的交谈。租客频繁更换造成的影响之一便是1号楼居民即便是邻居之间也很少互动。

1号楼居民与其他几栋楼的居民也没有太多互动，部分原因是他们使用不同的出入口。几个月来，我一直在花时间努力尝试与大楼花园区的人们交谈，以求了解其他建筑物的居民，但进展并不顺利。即使在门禁区以内，更多的常住居民似乎也避免与像我这样的临时居民接触。[6]

1号楼业主和居民是"都市家园"的"半外来者"。他们中的许多人对封闭式小区中的争端和紧张气氛漠不关心。这可以从我的房东对计划在6月举行的业主大会的反应中看出。我通知他日期和活动，他说："作为房东，我当然希望小区能变得更好。如果小区更好，就更容易吸引租户。"尽管如此，他并没有来参加集会，只是在电视上得知了抗议活动。

积极的社区参与者也对1号楼的租户和单位业主采取了一种功利主义的态度，而不是将他们视为社区的一部分。虽然邵先生告诉我，举行抗议活动前他们在所有建筑物的大厅里都留下了一些横幅，但我在1号楼没有看到任何横幅。同样，1号楼也没有张贴有关谈判会议的通知。由于被排除在外，抗议活动进行时，1号楼外只挂了3幅横幅。而除我之外，没有1号楼居民或业主参与上述谈判。

然而，由于1号楼的单元数量众多，如果没有1号楼的投票，很难达到法定人数来组成业主大会。筹委会在第四次尝试召开业主大会时，终于意识到1号楼业主对实现目标的意义。为了动员这些业主，他们采取了比上次简单地在邮箱中投通知单更积极的行动。与孟先生会面3天后，筹备委员会成员来到1号楼大厅。几名女性走近进出电梯的每个人，索要房主的联系信息。然而，他们仍然选择忽视租房者，即使租房者可以充当业主的代理人。

撇开内部空间秩序不谈，长住居民对抗议和其他社区活动的态度也各不相同。尽管大家都认为保持小区的房地产价值很重要，但"都市家园"的居民对于"什么是有利于小区的"持有不同看法。多位积极参与者提到，一些居民对抗议活动颇为敌视，指责抗议者设置了进出车库的障碍。在"都市家园"的网上论坛上，有网友指责抗议者破坏了社区的和谐，贬低了小区的房产价值。一位用户质疑："这次（抗议）是否保护了我们的权利？他们（那些策划和参与抗议的人）有没有考虑过我们有停车位的房主的利益？谁应该为我的损失负责？简直不负责任！如果（他们）这么能干，那就起诉居委会吧！"

对那些积极参与抗议并组织业主大会的人来说，他们认为他们是在为小区里每个人的利益而战，他们的所作所为将原本就像"一盘散沙"的个体业主聚集在一起。一些人在论坛上反驳反对抗议的人，指责他们是物业管理公司和房地产开发商派来的奸细。

在网上论坛和洽谈会上，有几位居民建议将篮球场改成停车场。一位居民说："我们甚至都没有停车位。篮球场有什么用？

我们需要把我们有限的资源用在最需要的地方。"他的提议被拒绝了。其他居民表示，篮球场是该小区的配套设施，不应随意改建。

这里缺乏一个稳定的机制来促进小区内不同身份居民之间的交流。在线论坛的活跃用户很少。在抗议之前，论坛的内容主要是关于网球场和篮球场何时空闲。除了少数人以外，大多数居民似乎并不认为事情是可以改变的，也不认为社区参与会是改变的开始。封闭式小区边界内的所有这些因素使其集体行动脆弱得不堪一击。

"都市家园"绝不是独一无二的个案。直到2016年，我的访谈对象所居住的大多数小区都没有自己的业主委员会。在极少数存在业主委员会的情况下，访谈对象告诉我，他们不知道这些委员会是如何成立的，也不知道他们做了什么。

停车：长期挑战

"都市家园"内长期、结构性、偶发性的紧张局面虽然是具体的个例，但不应掩盖这样一个广泛的事实，即由于开车的人数迅速增长，停车是一个不断发展的、持续存在的问题。在广州，过去10年每天都有数百辆新车注册。政府一直在不断扩大街道网络以适应轿车的行驶需要。但直到最近几年，停车在城市规划和房地产开发中一直被系统地忽视。

一般来说，城市越老，停车位就越少。在广州的历史街区，大部分车主不得不将车停在车水马龙的街道上。单位社会福利住房在私人拥有轿车受到高度限制的情况下没有设计停车位。乘用车逐渐占据了这些街区中原本为行人设计的、位于建筑物之间的有限空间。在20世纪90年代初期，市场导向的开发商开始在建造国家补贴住房的同时建造高层居民楼。这些商业高层楼都配备了电梯——但却没有指定的停车场。

当车库在90年代末和21世纪初逐渐成为封闭式小区建筑计划的一部分时，住宅数量和停车位之间的比例往往很高。例如，与关先生的物业管理公司关联的房地产开发商，作为该市的主要开发商之一，通常将旗下封闭式小区的住房停车位配比设置为4∶1或6∶1。在轿车拥有率较低的情况下，小区的停车位价格也不贵。90年代的地方报纸刊登广告来吸引房主购买停车位作为一种投资。

在新千年里，停车场在任何一个新的封闭式小区都成了必备品。车位价格上涨迅速，车位每平方米的价格变得比同一个小区的住房还要贵。在"都市家园"，房价与停车位的比例在3∶1到4∶1之间。2004年停车位的每平方米价格与房价每平方米的价格相近，但自2007年以来变得更加昂贵。

住房与车位配比是小区排名的指标。靠近"都市家园"的另一个高档小区于2006年开盘，住房与车位的配比为2∶1。开发商以抽签方式决定哪些业主有权购买停车位。每户业主都有一次被抽中的机会。数字较小的幸运者可以优先选择。停车位的价格取决于它们在地下车库中的位置：越靠近电梯，越贵。2007年，最贵的一个停车位接近30万元（面积约10平方米），而一套公寓的价格则在每平方米1.5万元至2万元之间。

在2006年和2007年期间，我的许多访谈对象已经通过银行贷款购买了封闭式小区中的住房。大约三分之一的人拥有自己的轿车，许多人计划在不久的将来购买一辆。但大多数人没有购买停车位。有些人告诉我，他们计划尽快买一个停车位，即使他们还没有买车。

晓峰是一名27岁的政府工作人员，我在"都市家园"抗议活动后采访了他。他毕业于一所不错的大学并且有硕士学位，那时他已经工作了两年。在父母的帮助下，晓峰结婚后搬进了一个相对昂贵的封闭式小区。我问他有没有停车位。他说还没，不过他计划在小区的第二期大楼下面仍在建设中的车库里买一个停车位。晓峰还没有车。晓峰说："要做好准备。在我拥有自己的轿车之前，我可以把它租出去。"一年后，晓峰买下了车位。不久后，他有了自己的车。

工程师罗磊就没那么幸运了。罗磊2010年买房的时候，并没有买车位。他觉得自己的房子已经太贵了，不想再掏钱买车位。两年后，他在妻子怀孕时买了一辆轿车。2014年我和他的谈话中，罗磊说他后悔2010年的决定。所有的停车位都卖光了。现在他必须每月支付1800元，才能从同一个小区的居民那里租用一个车位。罗磊说："这简直是敲诈勒索。但你能怎么办呢？你总得停车。"然而，尽管车位的租金上涨，他仍祈祷停车位的主人别买车。

停车压力不仅压在罗磊、晓峰这样的车主身上，也压在了物业管理公司身上。2007年，在与孟先生会面后，光华物业管理公司拒绝将"都市家园"外的空地用作停车场。光华物业管理公司有法律依据：它的管理权限只能覆盖政府批准的建设计划所列出的"都市家园"区域。孟先生所提到的居民委员会和行政主管部门都无权决定一块公共土地是否可以用于停车。从成本效益的角度来看，管理公司在门禁区外打理室外停车场的成本也会很高，而室外停车场的租金收入却明显低于室内停车场。另一位具有丰富物业管理经验的关先生曾在2007年表示，遇到类似情况的话，他也会采取像易先生那样的做法。

然而，在2010年到2019年之间，每当我路过"都市家园"时，我经常会看到1号楼外的区域停满了轿车。虽然篮球场还是用来打篮球的，但门禁区内的人行道上已经停满了轿车。我2008年重访该小区，一直无法与邵先生等人取得联系，因此不知道小区后来又经历了哪些事情。但在"都市家园"发生的事情在其他封闭式小区中似乎相当普遍。在我的受访者居住的几个小区里，如果附近有相对安静的小街，许多居民不得不把车停在大门外。居民必须付钱给物业管理公司聘请保安来照看轿车。这些停车位的法律地位是可疑的。然而，执法部门似乎对这些停车场的存在睁一只眼，闭一只眼，容忍它们作为处理停车问题的一种方式。[7]

不过更常见的是，由于地下车库不能再容纳更多的轿车，原本设计为无车的人行道在封闭区域内被用作停车位。无机动车、安全的封闭式小区是中产阶级父母买房时的重要考虑因素之一。在主要街道车流日益增多的情况下，他们希望孩子们有一个不受影响的游乐场。轿车闯入安全空间让不少居民感到担忧，但又觉得无能为力。在我们2014年的谈话中，工程师罗磊说："只要人们继续买车，他们就必须找到停车的地方。作为家长，我当然不想看到这些轿车在小区里跑来跑去。但作为车主，我也无法对此（轿车占据人行道）提出反对。"

在另一次采访中，公务员晓峰也承认存在这一困境，并补充说："你不能指望房地产开发商提供足够的停车位。他们建造的停车位越多，他们可以卖的房子就越少。但政府应该提供更多的停车位。它本可以在城市规划方面做得更好，本可以提供更多的停车场。"

他们都不认为停车问题应归咎于以营利为目的的物业管理公司或各自小区缺乏业主委员会。罗磊道："小区施工完成之后，可用空间就已经是固定的了。物业管理公司又能做什么？即使你有一个业主委员会（他的小区并没有），这个委员会也并不能建更多的停车位。"罗磊和晓峰说出了我这些年来接触过的很多中产车主的心声。他们中的许多人意识到，轿车数量的不断增长对城市基础设施构成了巨大挑战。他们不相信市场会解决基础设施问题。如果多年来在学校接受的教育对他们理解政治经济学留下了一些影响，那可能就体现在他们对市场能力的怀疑。他们也不相信政府可以解决所有的基础设施问题。尽管如此，当问题看起来无法克服时，他们希望政府介入，以作出最终处理。

结　论

尽管曾在报纸和当地电视上引起轰动，"都市家园"的抗议活动似乎仍只是快节奏城市中的又一次转瞬即逝的事件。这类活动既没有对停止车位销售有任何助益，没有帮助居民获得新的停车位，也没有证据表明其在公众参与或社会活动方面产生任何长期影响。尽管如此，抗议活动的发生及其无法推动变革这两点，仍然是理解中产阶级迅速崛起和机动车体制之间交织的空间秩序复杂性的宝贵窗口。

不可否认，任何机动车体制都对空间有要求。正如我们在中国城市看到的那样，近年来，基础设施投资明显倾向于以轿车为中心的移动性和便利性。然而，如果快速增长的道路网络代表机动车体制的移动方面，停车位则代表其固定方面，虽然它很重要，但直到最近才得到足够的重视。

与住房所有权一样，轿车所有权也促进了对公共和私人城市空间的基于群体的权利主张。有时他们的需求受挫，部分原因是现有建筑环境的限制，部分原因是政府长期规划的失误。以"都市家园"为例，即使没有出售停车位这一意外枝节，鉴于轿车拥有量增长如此之快，停车位数量也无法满足居民的需求。换言之，从长远来看，停车纠纷似乎不可避免，但促使其发生的则是旨在保护业主权利的法律变化。

新的《物权法》和相关法规在某种程度上确实赋予了中产阶级作为消费者对商品和空间提出要求的权利。中产阶级可以动员他们的社交网络并通过媒体曝光来主张权利。

新的《物权法》似乎赋予了中产阶级组织自己的管理机构的权利。然而颇具误导性的是，这是预设中国城市中产阶级有自觉知道如何作为一个集体去运作，并主动将自治的潜力转化为现实的能力。的确，像邵先生这样的人，会努力组建自己的理事机构。然而，到目前为止，大多数中产阶级业主在决定如何组织他们的日常生活空间时，似乎更被动而不是主动。尽管有不满，他们还是继续任由房地产开发商选择的物业管理公司来管理他们的生活空间。我们不能简单地假设中产阶级居民拥有采取集体行动的经验并因此知道如何去做。在"都市家园"的居民中组建业主大会和委员会的困难，凸显出开拓一个相对自主的中产阶级空间是有难度的。

张鹂（2010）在她对中产阶级封闭社区的研究中提出，房地产开发商和物业管理公司已然占据上风，产生了一种另类的城市治理形式。但在"都市家园"发生的事情呈现了一幅更复杂的图景。"间接治理"这项原则要求政府不干预民间纠纷。话虽如

此，尽管居民委员会等基层政府组织在制度权力上不能作出具有
法律约束力的决定，可仍有管理当地生活的责任。他们可能在某
些问题上依赖与物业管理公司的合作，但他们不一定有与物业公
司相同的职权。正如"都市家园"的停车问题所表明的，居委会
希望居民与管理公司和平相处，但并不能强迫管理公司做他们不
想做的事情。

话虽如此，居委会无力强制执行其意志的情况不应被视为国
家弱化的证明。正如抗议和谈判所显示的那样，居民、居委会和
物业管理公司在相互较量时不断地灵活利用话语权和国家权威。
耐人寻味的是，最终挑战房地产开发商和物业管理公司的权力并
迫使他们谈判和妥协的，是轿车销量不可阻挡的增长。

这种变化使中产阶级在新的社会环境中作为消费者和公民感
到既强大又脆弱。由于他们认为自己没有稳固的权力基础，所以
一般中产阶级的双重意识似乎偏向悲观的一面。鉴于他们的教育
背景和工作经验，中产阶级具有政治见解和观点。然而，他们不
想表现政治立场；他们中的许多人也没有动力为超出他们眼前所
关注范围的群体利益而行动。正如邓利杰（Tomba 2005, 950）所
指出的，他们的行为是基于具体情景下的利益和小区内复杂的互
动方式，而不是"跨社会的中产阶级身份"。他们专注于过上稳
定幸福的个人生活和追求个人的流动性。尽管如此，正如停车问
题所暗示的那样，停车问题令他们团结也同时令他们分裂。轿车
的存在不可避免地挑战了他们理想中的家园——他们在专注于个

人流动性和以轿车为中心的生活方式的同时，又希望拥有安全宁静的空间。然而，无论他们是否意识到政治的影响，他们的行为表明了中产阶级与国家之间的共生关系。对停车位长期短缺的妥协表明，即使在私有化空间中，国家仍然是决定如何处理停车位的根本力量。

尾 声

转型社会

机动车体制和中产阶级在21世纪的中国呈现共生式崛起。从劳动力市场到消费、从社会性到流动性，二者在多个方面紧密相连。这种彼此缠绕的同步上升当中包含着全球化时代消费驱动型经济带来的福祉和问题。轿车数量增长导致的一些直接可见的后果已见诸报纸和其他形式的媒体。

许多中国人过去只能在美国电影和电视剧中看到以轿车为中心的生活方式和出行方式，而现在这种生活方式越来越成为新兴中产阶级日常生活中不可或缺的一部分。中国中产阶级对轿车的渴望使大众汽车和通用汽车等跨国公司重新焕发了活力，这些公司此前在本国的业绩增长早已陷入停滞。在中国，汽车工业成为支柱产业，数十亿美元被投资于道路和高速公路等基础设施的建设，创造了数百万个就业机会。

与此同时，轿车的数量增长得如此之快，以至于任何新的道路在建成时看起来再宽广，都会很快变得不足以应付交通。交通拥堵已成为许多大城市的常态。为了解决这些问题，许多市政府开始实施限制性政策。在北京，自2008年奥运会起便实施道路空间配给政策，规定在每个月某些日子的白天，车牌尾号为某特定号码的轿车不得上路。从2011年1月开始，首都进一步将每月发放的新牌照数量限制在2万张。在广州和上海，市政府限制每月发放新牌照的数量，并把拍卖发牌作为抑制轿车增长的手段。2016年中央制定新的产业政策，鼓励发展电动汽车以替代燃油车。

本书便是以大致如此的景象为背景，将中产阶级置于分析的中心，展示轿车和相关的移动出行方式如何变成一种关键力量，去塑造人们对移动、自由和独立性的感知。

在中国，关于流动性的故事经常通过农民工和他们的孩子来讲述（Ling 2020; Solinger 1999）。那些关于中产阶级的故事则由封闭式社区（Pow 2009; Zhang L. 2010）、古典音乐教育（Kraus 1989），以及育儿实践（Kuan 2015）来呈现。而有关汽车发展的故事则是从其他方面来讲述：关键人物——亨利福特和他的T型车，以及汽车的安全性与其环境影响（Jain 2004; Furness 2010; Kay 1998）和汽车行业与国家政策（Huang Y. 2002; Siegelbaum 2008; Thun 2006）等。本书使用民族志研究方法将这三者编织在一起，目标不是描绘中产阶级生活方式或机动车体制的全景，而是把机动车体制和中产阶级的交叉点作为一个关键切入口，由此探究物质文化、个体主体性、社会分层等复杂互动，促使人们细致入微地理解改革开放以来中国的社会转型。

20世纪70年代末以后，政府引入了经济特区以及劳动力和商品的市场化。人们相信与政府调配的机制相比，市场和竞争能更好地分配资源和刺激经济增长。

波兰尼（Polanyi 2001）对经济兴起的分析可谓鞭辟入里，他指出，中国深谙市场经济的运作需要国家计划和监管。

更有趣的地方在于，在经济方面，自从改革开放之初，打造汽车工业便一直是重建国民经济和重塑就业市场的国家性工程。对于轿车市场能够怎样运行、应该怎样运行，国家始终谨慎考量并加以调控——具体问题包括应该有多少家汽车工厂，是否应该允许或鼓励私人拥有轿车。引进外资是国家发展的手段。中国加入世界贸易组织，适应全球贸易惯例和规范国内法规。

作为已经实现向上流动的个人，中产阶级常常感到被困在职业路径上的某个地方，几乎没有进一步提升的选项。买车是他们从小的梦想，轿车让他们在物理移动和个人生活中体验到自由。

诚然，市场力量的引入和国家精心策划的工业化催生了新的劳动力结构和职业等级制。劳动力市场对新人才的需求塑造了向上社会流动的可能性。正如前几章描绘的中产阶级的生活轨迹所示，教育和个人的人脉同样重要，它们带来了社会和文化资本。在中产阶级早年接受教育和他们的人际网络中起关键作用的不是市场行为，而是相对低廉的教育成本（尤其是高等教育）、政府分配工作和工作单位制。因此，中产阶级的崛起是市场化政策和计划经济体制的混合产物。

自我提升、自我负责的意识在中产阶级中确实很明显。自我提升作为一种伦理规范将他们与其他群体区分开来，中产阶级认为后者几乎没有动力在工作中提高自己的素质。这样的行为规范也将他们与拥有强大家庭背景的精英（例如超级富豪，或是人脉广泛、在车牌上挥霍金钱的人）区分开来。

然而，由于市场化的展开，自我提升、自我负责的个人伦理只是中产阶级身份认同的一部分。用卡尔霍恩（Craig Calhoun）的话来说，"'归属感'重要的不是某人对一个有限的集体的身份认同，而是他基于其所属的公共关系所进行的对不同行动方针的考虑和修正"（1983，90）。与20世纪90年代以前固定的身份标签不同，中产阶级"想象的共同体"（Anderson 1991）的群体关系，需要通过以特定方式不断参与新物质世界来建立、协调并巩固其与不同团体间的关系。

中产阶级的社群团结需要个体不断参与并展示出一种独特的生活方式，而后者越来越受到轿车和驾驶的影响。在这种以轿车为中心的生活方式中，轿车不仅仅是经济成就的象征。家庭和社会关系通过与轿车和开车方式相关的伦理、情感和审美而重建。这些伦理问题、情感表达和审美感受都明显受到中产阶级早期生活经验和社会文化的影响，也受到当代消费文化和流行文化的影响。换句话说，塑造这些主观体验的，不仅仅是西方价值观、生活方式和全球化的产物，也有多种多样的符号、价值观、风格以及对过去和现在的情境化理解。在这一进程中，公与私的界限区分包含新的、经过再定义的文化意义和社会道德观。正是在社会场域中，城市专业人士和小企业家逐渐形成了塑造他们中产阶级身份的共同主体观念。

在各种社会关系的不断协商中，他们将自己变成了新治理形式的主体，并通过日常实践，实现了身份的再生产。正如任海（Hai Ren 2013）所说的那样，中产阶级的出现已被视为一种统计事实和一种用以把握新现实的工具。通过承认中产阶级的出现，自改革开放以来形成的社会分层被纳入考量范围。

关键是，如果我们把善于计算、自我动员和自治的个体作为中产阶级形象的中心特征，这种形象会分散我们的注意力，令我们忽略社会分层的生成方式中存在的多种可能。正如近期评论家指出的那样，现有的人类学文献在研究资本主义或全球化时倾向于使用"新自由主义"作为一个称手简便的术语，而没有仔细考察"自由市场"的背景、结构和嵌入性。要研究在中国发生的变革，需细致分析国家与社会之间以及国家与市场之间的界限是如何形成和重构的，而本书作为一部关于当代中国机动车体制和中产阶级的民族志，提供了洞察变革的背景、结构和嵌入性问题的见解。

注 释

引 言

1. "中间"一词可以理解为"处于二者之间",也可以理解为"中等程度"。

2. 我认同斯特芬·伯姆(Steffen Boehm 2006)等人的观点,伯姆等人认为,使用"automobility"这个词可能给人留下"机动车与移动性相关"的印象,但实际上机动车也会是静止的。(automobility有机动车和移动性的意思,作者在这里使用automotive regime是为了避免英文读者看到automobility就联想到机动车的移动性。——编者注。)

3. 这里仅粗略举几例在世界其他地区进行的研究。请参见Boehm et al. 2006;Jackson 1985;Lutz 2014;McShane 1994;Norton 2008;Sheller 和Urry 2000;Winner 1986。

4. 在针对当代中国的研究中,很多人使用"社区(community)"一词,但我使用了"小区(complex)"的说法,因为"社区"暗示着团结性,但正如本书第六章展示的那样,在中国的这种封闭式居民区里或许并不存在团结性。

5. 关于印度中产阶级的研究,请参见Dickey 2012;Donner 2011;Fuller 和Narasimhan 2007,2008;关于尼泊尔中产阶级的研究,请参见Liechty 2003;关于东欧中产阶级的研究,请参见Fehérváry 2013;关于拉丁美洲中产阶级的研究,请参见O'Dougherty 2002;Freeman 2014;关于非洲中产阶级的研究,参见Lentz 2015。

6. 马克·利希蒂（Mark Liechty 2003）详细介绍了韦伯、布迪厄和汤普森在中产阶级研究中的关联。此外亦可参考Heiman 2015；O'Dougherty 2002；Zhang L. 2010。

7. 他们的母语包括多种语言。虽然粤语是珠江三角洲地区的主要语言，半数的人会讲，但大部分居民都会说普通话。

8. 参见《2014年广州统计年鉴》和《2014年中国统计年鉴》。

9. 更年轻的一代可能会选择不同的生活方式。有的年轻夫妇住在出租屋里依然会买车。但根据我的观察，他们通常希望从他们各自的父母那里获得房产。

10. 我对"现代性"一词的使用借鉴了对何为"现代"的批判性反思，以及它在特定语境中的含义。参见Mitchell 2000；Latour 1993；Rofel 1999。

11. 在这些不买车案例中的人要么必须经常出差，要么对目前的工作并不满意，考虑换工。地方性法规往往对非本地车牌有限制，而根据中国法律和地方性法规，更换车牌是一件很麻烦的事。对这些人来说，拥有轿车似乎更像是一种限制，而没有增强他们的流动性。

12. 参见http://data.worldbank.org/indicator/IS.VEH.PCAR.P3/countries/1W–US ?display=default（2013年8月21日登录）。

13. 更详细的社会阶层划分参见Li Chu. 2005, 82；Whyte和Parish 1984。不可否认，现实中的社会阶层更加复杂、更加活跃。

14. 与户籍相关的城乡差距，详情请参见Chan, Madsen和Unger 1992；Cheng and Selden 1994；Naughton 2007。

15. 工作单位不仅仅是生产单位，社会福利也是通过工作单位分配。有关城市经济中工作单位的详细讨论，参见Friedman和Lee 2010；Lü and Perry 1997。

16. 关于这项研究及后续报道，参见Li Chu. 2005；Li et al. 2004；Lu 2002；Sun 2004；Zhou 2005。而针对这些研究更详细的分析，则参见Ren 2013；Tomba 2004。

17. 虽然还有其他关于私人住房的研究（例如，Fleischer 2010；Pow

2009；Tomba 2014），但张鹂的研究是少数明确旨在讨论中产阶级形成的研究之一。

18. 各章的民族志资料表明，在塑造主体性或组建家庭时，人们对轿车的理解和使用存在性别差异。不过，对性别问题的动态和复杂性的分析有待进一步研究，也有待撰写专文讨论。

序　言

1. 请参见《广州七十二行商报》，1945—1946年。

2. 使用植物油作为发动机燃料的倡议很有趣，因为它呼应了当代美国等地关于环保汽车的倡议。可惜的是，徐钟的文章没有提到这些植物油动力公交车的实施效果。

3. 2003年，学术刊物、主要报纸和热门网站发表了一系列庆祝中国汽车工业50周年的论文和文章。

4. 尽管两次世界大战前轿车在欧美是理想的消费品，但是二战后面向大众消费的汽车开始崭露头角。请参见Flink 1988；Jackson 1985；McShane 1994；Warner 1978；Wollen和Kerr 2002。

5. 1985年，国务院发展研究中心、中国建设银行和中国汽车工业公司组织召开了中国汽车工业发展战略研讨会。两年后，国务院下属的多个委员会也召开了类似的座谈会。从此，中国发展汽车工业的目标变得清晰起来。1994年国务院发布《九十年代国家产业政策纲要》，提出要促进汽车工业与电子、能源、房地产等产业的发展，使它们成为国民经济的支柱产业。作为总方针的后续跟进政策，中国出台了第一个专门针对汽车工业的官方文件——《汽车工业产业政策》（1994）。此文件称两个"五年计划"完成后，到2010年，汽车工业将成为支柱产业。后来《汽车工业产业政策》（2004）取代了1994年的版本，新版本不仅重申了产业发展目标，还提出希望在2010年之前提早实现目标。

6. 遵循"七五"规划纲要和随后的1987年北戴河会议的指示，"三大三小"的产业结构逐渐形成。"三大"汽车制造商包括一汽、东风汽车和上汽集团，"三小"汽车制造商则包括北京吉普、天津夏利汽车和广州标致汽车。请参见《国务院关于严格控制轿车生产点的通知》，1988年。

7. 《九十年代国家产业政策纲要》（1994）明确提出，汽车工业应该限制具有大规模生产能力的工厂数目，建立竞争有序的市场结构。请参见《汽车工业产业政策》（1994）和《国务院关于当前产业政策要点的决定》（1989）。

8. 请参见第七个五年计划（1986—1990年）。

9. 1987年7月，国务院收到两份报告，一份来自国家科学技术委员会，一份来自国务院发展研究中心。这些报告建议将发展汽车工业的重点从重载车辆转移到乘用车上。8月在北戴河召开的国务院会议上，乘用车问题被列入议程并进行了讨论。

10. 与此同时，一些与汽车相关的技术经验从外国汽车公司转移到了各个中国本土制造商。涉及的外国公司包括铃木、菲亚特、大发、克莱斯勒和梅赛德斯—奔驰。由于只有合资企业生产的汽车会在车身上标注外国品牌名称，因此前述的技术转让鲜为人知，现在的媒体也很少提及。请参见Li Yo.2003a。

11. 郑也夫将一些关键文章编入了名为《轿车大论战》的文集中，请参见Zheng 1996。

12. 《广州统计年鉴》1986年开始将"汽车制造"列为"机电行业"的子类，从1996年起，改将汽车工业列为行业板块下的独立一类。

13. 该合资企业的股权价值为5850万美元，其中46%来自广汽集团，22%来自标致集团，28%来自中国国际信托投资公司，4%来自国有银行。（Thun 2006）

14. 请参见《广州统计年鉴》，1985—1997年。

15. 王爱华提到了企业内部管理风格和沟通存在的问题，但没有作具体说明。

16. 研究中国工业化的学者埃里克·图恩（Eric Thun 2006）指出，广州标致未能建立起零部件供应商网络，并非技术或企业管理方面的原因所导致。图恩将广州标致与上海大众做了比较。上海大众享受到了来自政府的全面支持，其所在地上海的产能也有原国有工业设施和军工厂作为基础。相比之下，广州的许多供应商都是小型私营企业，广标和广汽都未能完全拥有或控制这些企业。产权的缺乏导致投资低效，也导致地方政府缺乏支持这些供应商的动力。另可参见Yao and Han 2008。

17. 20世纪70年代末至90年代初，为了培育和保护当地产业，法律规定将"本土化"写入合资企业的合同中。对于合资汽车企业，本土化相关条款规定，整辆乘用车中必须包含一定比例的中国产零部件，且这一比例应在规定的时间内有所增加。

18. 广州政府最初选择进行新合资企业谈判的是总部位于德国的通用汽车的子公司欧宝（Yao和Han 2008）。但由于不明原因，这项动议最终被放弃了。

19. 《广州统计年鉴》，1997—1998年。

第一章

1. 中国媒体报道和大众言论称，汽车制造商在对轿车做内部装修时会使用甲醛，而甲醛据说会导致头痛、恶心和更严重的健康问题，例如癌症。

2. 2007年我在中山大学就我的研究发表演讲时，林晓珊是一名社会学专业研究生，他也在广州研究汽车消费。林晓珊告诉我，他遇到了非常相似的情况。他的受访者们几乎只使用"方便"这个词来描述他们购买轿车的原因。

3. 一些高校仍然有为员工提供补贴住房的选择。但也有其他与工作相关的房屋配给方式存在（Kipnis 2016）。例如，许多工厂可能会为员工提供住宿作为低工资的补充（Pun 2005）。

4. 校友网络在中国的重要性是一个未被充分研究的课题。对于农村部分的研究，请参见Santos 2008。

5. 有关人脉网络的运作和意义的具体分析，请参阅庄思博（2013）的民族志研究，他称其为"中国西北地区的精英"。

6. 董增刚（2002，13）曾简要地提及轿子的使用。

7. 如果新婚夫妇中有人原生家庭不住在当地，他们通常会租一间酒店房间作为接送地点。

8. 这可能是一种区域性做法。

9. 这与公路暴怒者（road rage）不同，公路暴怒者通常是指单独驾驶的人。我的受访者们只有身在一个团队中开车时才会变得烦躁。

10. 2007年8月18日，一个由马自达6的车主组成的汽车俱乐部和一位悍马司机发生了冲突。据报纸报道，马自达汽车俱乐部组织了一次从南京到江苏省连云港的旅行。当他们的车队在高速公路上行驶时，一辆悍马试图超车并切入车队。有几位马自达司机被激怒，因为悍马车破坏了他们的车队队形。他们很快就追上了那辆悍马并将它包围。然后马自达司机们在高速公路上放慢速度，用他们自己的语言来说，几乎是"爬行"。悍马车被困在中央无法脱身。由于马自达轿车占据了所有车道，挡住了其他汽车的路，他们的身后迅速排起了长长的队伍。持续大约10分钟后，马自达6的驾驶员们才终于放悍马车离开。请参见Lü 2009。

11. 大多数出租车都被包括在这80%中，因为大多数大型出租车公司都是国有的（《中国汽车市场年鉴（1995）》）。另见Wu and Fei 2002。

12. Xu, Zhong, and Ying Yu,《张小虞：车市最不用国家操心》，《南方周末》，2007年11月27日。

13. 这些紧凑型轿车往往属于高端品牌。驾驶者一般都很年轻，而且往往是女性。

14. 一个很好的例子是中产阶级对食品安全的关注。请参见Klein 2013。

15. 宝马的名声与几起车祸有关。在这些事故中，宝马司机要么驾车碾过受害者，要么对受害者进行口头和身体攻击。因此在大众文化中（例如2006年的电影《疯狂的石头》），也有"BMW"的英文缩写被做成双关语"别摸我（Bie mo wo）"。另见Notar 2017。

第二章

1. 从历史上看，中产阶级身份既不能简化为职业身份，也不能简化为特定的收入水平。很多女性——没有职业、没有类似的教育背景或自己的收入——仍然被视为中产阶级，因为她们属于中产阶级家庭，是中产家庭的妻子、母亲或女儿。

2. 许多相互关联的政策和社会经济因素导致这种特殊形式在城市中产阶级家庭中盛行。计划生育政策的执行是复杂的，而且其城乡分界线和社会阶层分界线并不统一。同时，不断变化的生育和育儿实践以及性别政治导致了不同的家庭和生育选择。如需了解更多相关讨论，请参阅Greenhalgh 2008；Santos和Harrell 2017。

3. 本章所有官方收入统计数据均来自2004—2017年的《广州统计年鉴》。

4. 在较少的几个案例中，我从受访者那里听说，年轻一代有车并且住在出租屋里，但他们都希望从各自的大家庭那里继承住房——通常不止一套房。

5. 单身人士确实也会投资住房，但他们通常都远远超过平均结婚年龄。

6. 在大众媒体和流行文化的表述中，新郎一方承受着为新婚夫妇提供住房的压力。我曾在上海的人民公园采访为女儿征婚的父母，在女方父母中发现了这种期望（Zhang和Sun 2014）。但是，期望可能与实践不同。在实践中，我还没有看到关于这种男方买房模式的令人信服的研究。在我的受访者中也没有发现这种模式。可能与地域差异有关，也可能是代际差异造成的。

7. 有关身份继承的更多信息，请参见Walder和Hu 2009。

8. 蔡泳（Yong Cai）和王丰（Feng Wang 2014）利用上海的统计数据分析了支撑这种婚姻模式的制度性力量。

9. 艾华（Harriet Evans 2010）也在2000年至2004年间在北京观察到了类似的情况。

10. 当生病老迈的父母独自生活时，儿女聘请住家保姆的情况更为常见。在我的受访者中，很少有住家保姆提供托儿服务。受访者中的许多人告诉我，他们的住房不够大，无法容纳住家保姆。此外，虽然年轻的夫妇接受了在家请保姆的想法，但他们的父母并不情愿。

11. 值得注意的是，许多年轻的妻子宁愿花钱请家庭佣工也不愿依靠婆婆，但她们很少能如愿以偿。

12. 应该注意到，人们对安全性的感知和实际操作之间存在着有趣的差异。一方面，中国的车祸死亡率很高。另一方面，许多车主装饰轿车内部，而且以不安全的方式驾驶。例如轿车行驶时小孩经常站在车里而不是坐在车里的儿童座椅上。

第三章

1. 《汽车品牌销售管理实施办法》，中华人民共和国商务部，中华人民共和国国家发展和改革委员会、国家工商行政管理总局，2005年。

2. 《商务部专家解读〈汽车品牌销售管理实施办法〉》，http://news.xinhuanet.com/auto/2005-04/01/content_2771453.htm，于2007年10月29日访问。

3. 例如，德国汽车制造商大众与两家不同的本地公司分别开办了合资企业：长春的一汽大众和上海的上汽大众。一汽大众和上汽大众都有自己的4S经销店，这些经销店不为对方买卖轿车。

4. 20世纪90年代以前，国有企业的人事结构与政府类似。

5. 《关于汽车交易市场管理暂行规定》，国家工商行政管理局，1985年。中国的情况请参见Naughton 2007。东欧的前社会主义国家，则可参见Verdery 1996，2003。

6. 有关汽车贸易法规的更多详细信息，请参阅本书序言。见《禁止小汽车私下交易》，《人民日报》，1994年11月12日。

7. 我希望能看到卢经理提到的任何获批文件的副本，或者看看这些文件中关于如何交易或获得真车的细节。但卢经理总是在深入探讨有关细节之前戛然而止。

8. 合资初期，乘用车的生产严重依赖进口零部件。1985年至1996年，零部件关税在50%至80%之间，1997年调整为35%至60%。合资企业组装的乘用车价格根据同期进口零件的价格确定（Xie和Xu，1998

年）。因此，降价与生产成本并没有直接关系，而与历年来的关税调整有关。

9. 据卢先生交代，该物资公司在广东湛江投资一家汽车厂时犯了严重错误。这家汽车厂做组装工作，但它使用的零部件的来源非常可疑。

10. 咨询公司麦肯锡的一份研究报告指出，中国的轿车消费者大多数是第一次进入市场，对特定品牌的忠诚度很低（Hoffe、Lane和Nam 2003）。

11. 《广州标致轻型汽车供不应求》，《广州日报》，1986年11月12日。

12. 大学教育在20世纪90年代中期开始收取学费，比高等教育成倍扩招要早几年。在整个90年代，大学生仍然能领取生活津贴，但总量并未根据城市快速增长的生活消费水平进行调整。

13. 有关户籍制度及其对流动性影响的细节，请参见Cheng和Seldon 1994，Solinger 1999。

14. 杨丽恩（LiAnne Yu 2014）将这种通过强调自己努力工作来展示自我地位的行为称为"炫耀性成就（conspicuous accomplishment）"。

第四章

1. 随着合资车型越来越多，国内轿车价格不断下降，虽然轿车销量总体增长较快，但销售人员的收入并没有得到大幅增长。

2. 在搞清楚工作流程之后，我决定不参与卖车。因为即使我把得到的奖金分出若干给其他销售人员，也不会令他们满意。而如果我不阻碍他们赚钱，每个人都会认为自己可以拥有全部金额。在我向销售人员说明我的决定后，我在汽车经销店与他们相处得更轻松了。

3. 有关职业学校教育和学生职业选择的详细讨论，请参见Ling 2015。

4. 对于城中村，请参见Siu 2007和Bach 2010。

5. 持有学士学位者（但不一定是法律专业）才能参加国家统一的法律职业资格考试。

6. 在某种程度上，即使在20世纪70年代末以前，这一传统也没有消失，因为"教育"和"再教育"这两个词经常出现在各种政治运动中。

7. 根据我的采访和观察，社会精英不是由"素质"被定义的，而是由他们的出身背景和关系网络所定义的。

第五章

1. 许多城市都有自己的规章制度，限制非本地注册的轿车进入城市，或要求他们按次数或按天数支付通行费。

2. 在任何车牌号包含的7个符号中，前两个符号固定为所在省的汉字简称和代表城市的字母。其余部分有两种组合方式：（1）字母必须在第七位，其余为数字；（2）第三和第七个符号为字母，其余为数字。在任何一种情况下，车主都无法选择要使用的字母。第五位和第六位不能是33、66、88、99，车牌不能使用字母I和O。

3. 市政府没有就拍卖的频率作出解释。

4. 正如一位从事各种轿车相关业务的销售人员告诉我的，有时一辆二手车可能会因为它的车牌号而卖出超其实际价值的价钱。

5. 目前为止我还没有找到表明数字8在过去就很受欢迎的历史文献。相反，研究表明，由于与帝国统治之间存在联系，数字9可能更尊贵（Steinhardt 1998）。在广州，老人们回忆说，过去，为了特殊场合（如公司开业或举办婚礼）而选日子或选数字时会根据流行的宗教信仰和黄历来决定，但没有像现在这样因为发音相似而明确地追求与财富相关的特定数字。

第六章

1. 市政府于2016年取消了租金管制，以控制轿车增长，改善交通状况。

2. 例如，根据新的《物权法》，如果一个车库可以在不影响居住区完整性的情况下与建筑群的其他部分分开，则停车区不属于共有财产。

3. 广州的私人住宅发展起步早于中国大多数城市。20世纪80年代中后期，在当地报纸上可以看到主要面向海外华人的私人住宅广告。发展商借鉴香港经验，建立私人屋苑项目管理模式。

4. 《物业管理条例》中华人民共和国国务院令（第379号），2003年9月

1日起施行。

5. 站在走廊和电梯间的玻璃墙后面，人们可以很容易地——有时几乎是不可避免地，通过巨大的窗户和阳台看到别人的家。

6. 在过去的10年中，我曾居住或参观过其他建筑群开展研究。需要注意的是，不同的小区具有不同的动态。在我看来，高档住宅区的互动往往少于中低档住宅区，后者之中，常有祖父母每天定期带孙子外出。

7. 魏乐博对"睁一只眼闭一只眼"的统治策略进行了深刻的分析（Weller 2014）。尽管他的研究关注的领域是宗教，但这里的基本逻辑和实践是相似的。

参考文献

Abercrombie, Nicholas, and John Urry. 1983. *Capital, Labour, and the Middle Classes*. London: G. Allen & Unwin.

Agnew, Jean-Christophe. 1986. *Worlds Apart: The Market and the Theater in Anglo-American Thought, 1550-1750*. Cambridge: Cambridge University Press.

Anagnost, Ann. 1997. *National Past-Times: Narrative, Representation, and Power in Modrern China, Body, Commodity, Text*. Durham, NC: Duke University Press.

——. 2004. "The Corporeal Politics of Quality (Suzhi)." *Public Culture* 16 (2): 189–208.

——. 2008. "From 'Class' to 'Social Strata': Grasping the Social Totality in Reform-Era China." *Third World Quarterly* 29 (3): 497–519.

Anderson, Benedict R. O'G. 1991. Imagined Communities: Reflections on the Origin and Spread of Nationalism. London; New York: Verso.

Appadurai, Arjun. 1986. "Introduction: Commodities and the Politics of Value." In *The Social Life of Things: Commodities in Cultural Perspective*, edited by Arjun Appadurai, 3–63. Cambridge: Cambridge University Press.

Bach, Jonathan. 2010. "'They Come in Peasants and Leave Citizens': Urban Villages and the Making of Shenzhen, China." *Cultural Anthropology* 25 (3): 421–458.

Barmé, Geremier R. 2002. "Engines of Revolution: Car Cultures in China." In *Autopia: Car and Culture*, edited by Peter Wollen and Joe Kerr, 177–190. London: Reaktion.

Barry, Andrew, Thomas Osborne, and Nikolas S. Rose, eds. 1996. *Foucault and Political Reason: Liberalism, Neo-liberalism, and Rationalities of Government*. Chicago: University of Chicago Press.

Barthes, Roland. 1972. *Mythologies*. New York: Hill and Wang.

Barton, Dominic, Yougang Chen, and Amy Jin. 2013. "Mapping China's Middle Class." *McKinsey Quarterly*. http://www.mckinsey.com/insights/consumer_and_retail/mapping_chinas_middle_class(June). Accessed October 10, 2013.

Basu, Ellen Oxfeld. 1991. "Profit, Loss, and Fate: The Entrepreneurial Ethic and the Practice of Gambling in an Overseas Chinese Community." *Modern China* 17 (2): 227–259.

Baudrillard, Jean. 1981. *For a Critique of the Political Economy of the Sign*. St. Louis: Telos Press.

Berdahl, Daphne. 1999. *Where the World Ended: Re-unification and Identity in the German Borderland*. Berkeley: University of California Press.

——. 2000. " 'Go, Trabi, Go!' : Reflections on a Car and Its Symbolization over Time." *Anthropology and Humanism* 25 (2): 131–141.

Bian, Yanjie, Ronald Breiger, Deborah Davis, and Joseph Galaskiewicz. 2005. "Occupation, Class, and Social Networks in Urban China." *Social Forces* 83 (4): 1443–1468.

Boehm, Steffen, Campbell Jones, Chris Land, and Matthew Paterson, eds. 2006. *Against Automobility*. Malden, MA: Blackwell.

Borneman, John. 1992. *Belonging in the Two Berlins: Kin, State, Nation*. Cambridge: Cambridge University Press.

Bourdieu, Pierre. 1984. *Distinction: A Social Critique of the Judgement of Taste*. Cambridge, MA: Harvard University Press.

Boyer, Kate, and Maia Boswell–Penc. 2010. "Breast Pumps: A Feminist technology, or (yet) 'More Work for Mother.'" In *Feminist Technology*, edited by Linda L. Layne, Sharra Louise Vostral, and Kate Boyer, 119–135. Urbana: University of Illinois Press.

Bray, David. 2005. *Social Space and Governance in Urban China: The Danwei System from Origins to Reform.* Stanford, CA: Stanford University Press.

Campanella, Thomas J. 2008. *The Concrete Dragon: China's Urban Revolution and What It Means for the World.* New York: Princeton Architectural Press.

Cai, Yong, and Feng Wang. 2014. "(Re)emergence of Late Marriage in Shanghai: From Collective Synchronization to Individual Choice." In *Wives, Husbands, and Lovers: Marriage and Sexuality in Hong Kong, Taiwan, and Urban China*, edited by Deborah Davis and Sara Friedman, 97–117. Stanford, CA: Stanford University Press.

Caldeira, Teresa. 2000. *City of Walls: Crime, Segregation, and Citizenship in São Paulo.* Berkeley: University of California Press.

Calhoun, Craig. 1983. "Community: Toward a Variable Conceptualization for Comparative Research." In *History and Class: Essential Readings in Theory and Interpretation*, edited by R. S. Neale, 86–110. Oxford: Basil Blackwell.

Callahan, William A. 2012. "Sino–speak: Chinese Exceptionalism and the Politics of History." *Journal of Asian Studies* 71 (1): 33–55.

Chan, Anita, Richard Madsen, and Jonathan Unger. 1992. *Chen Village under Mao and Deng: The Recent History of a Peasant Community in Mao's China.* Berkeley: University of California Press.

Cheek, Timothy. 2006. *Living with Reform: China since 1989.* Halifax, Nova Scotia: Zed Books.

Chen, Haoxiong. 1949. *Qiche* (Automobiles). Shanghai: Zhonghua Shuju.

Chen, Jie. 2013. *A Middle Class without Democracy: Economic Growth and the Prospects for Democratization in China.* New York: Oxford University Press.

Cheng, Tiejun, and Mark Selden. 1994. "The Origins and Social Consequences of China's Hukou System." *China Quarterly* 139:644–668.

Cho, Mun Young. 2013. *The Specter of "the People": Urban Poverty in Northeast China.* Ithaca, NY: Cornell University Press.

Chu, Julie Y. 2010. *Cosmologies of Credit: Transnational Mobility and the Politics of Destination in China.* Durham, NC: Duke University Press.

Cockburn, Cynthia, and Susan Ormrod. 1993. *Gender and Technology in the Making.* London: Sage.

Cohen, Myron L. 1992. "Family Management and Family Division in Contemporary Rural China." *China Quarterly* 130:357–377.

Collier, Stephen J. 2009. "Topologies of Power: Foucault's Analysis of Political Government beyond 'Governmentality.' " *Theory, Culture and Society* 26 (6): 78–108.

———. 2011. *Post-Soviet Social: Neoliberalism, Social Modernity, Biopolitics.* Princeton, NJ: Princeton University Press.

Cowan, Ruth Schwartz. 1976. "The 'Industrial Revolution' in the Home: Household Technology and Social Change in the 20th Century." *Technology and Culture* 17 (1):1–23.

Das, Veena. 2010. "Engaging the Life of the Other: Love and Everyday Life." In *Ordinary Ethics: Anthropology, Language, and Action*, edited by Michael Lambek, 376–399. New York: Fordham University Press.

Davis, Deborah, ed. 2000a. *The Consumer Revolution in Urban China.* Berkeley: University of California Press.

———. 2000b. "Social Class Transformation in Urban China." *Modern China* 26 (3):251–275.

———. 2014. "Privatization of Marriage in Post-Socialist China." *Modern China* 40 (6):551–577.

Davis, Deborah, and Stevan Harrell. 1993. "Introduction: The Impact of Post–Mao Reforms on Family Life." In *Chinese Families in the Post-Mao Era*, edited by Deborah Davis and Stevan Harrell, 1–24. Berkeley: University of California Press.

Davis, Natalie Zemon. 1986. "Boundaries and the Sense of Self in Sixteenth–Century France." In *Reconstructing Individualism: Autonomy, Individuality, and the Self in Western Thought*, edited by Thomas C. Heller and Christine Brooke–Rose, 53–63. Stanford, CA: Stanford University Press.

Dickey, Sara. 2012. "The Pleasures and Anxieties of Being in the Middle: Emerging Middle–Class Identities in Urban South India." *Modern Asian Studies* 46 (3): 559–599.

Dikötter, Frank. 2006. *Exotic Commodities: Modern Objects and Everyday Life in China*. New York: Columbia University Press.

Dong, Zenggang, ed. 2002. *Cong Laoshi Che Ma Zhou Qiao dao Xinshi Jiaotong Gongju* (From old–styled carriage, horses, boats and bridges to new–styled transportation means). Chengdu: Sichuan Renmin Chubanshe.

Donner, Henrike, ed. 2011. Being *Middle-Class in India: A Way of Life*. London: Routledge.

Donner, Henrike, and Gonçalo Santos. 2016. "Love, Marriage, and Intimate Citizenship in Contemporary China and India: An Introduction." *Modern Asian Studies* 50(special issue 4): 1123–1146.

Dudley, Kathryn M. 1994. *The End of the Line: Lost Jobs, New Lives in Postindustrial America*. Chicago: University of Chicago Press.

Dunn, Elizabeth C. 2004. *Privatizing Poland: Baby Food, Big Business, and the Remaking of Labor*. Ithaca, NY: Cornell University Press.

Economist. 1997. "Car Jams in China." June 21, 64.

———. 2003. "Business: The Great Leap Forward; Cars in China." February 1, 53–56.

Edensor, Tim. 2004. "Automobility and National Identity: Representation,

Geography and Driving Practice." *Theory Culture Society* 21 (4–5): 101–120.

Ehrenreich, Barbara. 1989. *Fear of Falling: The Inner Life of the Middle Class*. New York: Pantheon Books.

Elegant, Simon. 2007. "China's Me Generation." *Time*, July 26. http://www.time.com/time/magazine/article/0,9171,1647228-3,00.html. Accessed August 10, 2007.

Eriksen, Thomas Hylland, James Laidlaw, Jonathan Mair, Keir Martin, and Soumhya Venkatesan. 2015. " 'The Concept of Neoliberalism Has Become an Obstacle to the Anthropological Understanding of the Twenty–First Century.' " *Journal of the Royal Anthropological Institute* 21 (4): 911–923.

Errington, Frederick. 1987. "The Rock Creek Auction: Contradiction between Competition and Community in Rural Montana." *Ethnology* 26 (4): 297–311.

Evans, Harriet. 2010. "The Gender of Communication: Changing Expectations of Mothers and Daughters in Urban China." *China Quarterly* 204: 980–1000.

Featherstone, Mike. 2004. "Automobilities: An Introduction." *Theory Culture Society* 21(4–5): 279–284.

Featherstone, Mike, N. J. Thrift, and John Urry, eds. 2005. *Automobilities*. London: Sage.

Fehérváry, Krisztina. 2013. *Politics in Color and Concrete: Socialist Materialities and the Middle Class in Hungary*. Bloomington: Indiana University Press.

Ferguson, James. 2010. "The Uses of Neoliberalism." *Antipode* 41:166–184.

Fleischer, Friederike. 2010. *Suburban Beijing: Housing and Consumption in Contemporary China*. Minneapolis: University of Minnesota Press.

Flink, James J. 1988. *The Automobile Age*. Cambridge, MA: MIT Press.

Flonneau, Mathieu. 2010. "Read Tocqueville, or Drive? A European Perspective on US 'Automobilization.' " *History and Technology* 26 (4):

379–388.

Fong, Vanessa. 2004. "Filial Nationalism among Chinese Teenagers with Global Identities." *American Ethnologist* 31 (4): 631–648.

Foucault, Michel. 1995. *Discipline and Punish: The Birth of the Prison.* New York: Vintage Books.

Freeman, Carla. 2014. *Entrepreneurial Selves: Neoliberal Respectability and the Making of a Caribbean Middle Class.* Durham, NC: Duke University Press.

Frevert, Ute. 1990. *Women in German History: From Bourgeois Emancipation to Sexual Liberation.* Oxford: Berg.

Friedman, E., and C. K. Lee. 2010. "Remaking the World of Chinese Labour: A 30–Year Retrospective." *British Journal of Industrial Relations* 48 (3): 507–533.

Fuller, C. J., and Haripriya Narasimhan. 2007. "Information Technology Professionals and the New–Rich Middle Class in Chennai (Madras)." *Modern Asian Studies* 41 (1): 121–150.

———. 2008. "From Landlords to Software Engineers: Migration and Urbanization among Tamil Brahmans." *Comparative Studies in Society and History* 50 (1): 170–196.

Furness, Zachary M. 2010. *One Less Car: Bicycling and the Politics of Automobility.* Sporting. Philadelphia: Temple University Press.

Ganti, Tejaswini. 2014. "Neoliberalism." *Annual Review of Anthropology* 43 (1): 89–104.

Gaubatz, Piper Rae. 1995. "Urban Transformation in Post–Mao China: Impacts of the Reform Era on China's Urban Form." In *Urban Spaces in Contemporary China: The Potential for Autonomy and Community in Post-Mao China,* edited by Deborah S. Davis, Richard Curt Kraus, Barry Naughton, and Elizabeth J. Perry, 28–60. Washington, DC; Cambridge: Woodrow Wilson Center Press; Cambridge University Press.

GEMAS. 2006. "Sui Shouchang Xiaoqiche Haopai Jingjiahui Chengjiao 883.2 Wan Yuan" (Total transactions of 8,832 million RMB in the first auction of license plate numbers). Guangzhou: Guangzhou Enterprises Merges and Acquisitions Services. http://www.gemas.com.cn/report/show.asp?go=cpjj&id =1033. Accessed July 22, 2007.

Gerth, Karl. 2010. *As China Goes, So Goes the World: How Chinese Consumers Are Trans-forming Everything*. New York: Hill and Wang.

Giddens, Anthony. 1973. *The Class Structure of the Advanced Societies*. London: Hutchinson.

Gilroy, Paul. 2001. "Driving While Black." In *Car Cultures*, edited by Daniel Miller, 81–104. Oxford: Berg.

Glosser, Susan L. 2003. *Chinese Visions of Family and State, 1915–1953*. Berkeley: University of California Press.

Goldman Sachs. 2003. "Global Automobile: The Chinese Auto Industry." In *Goldman Sachs Global Equity Research*, February 21, http://www2. goldmansachs.com/hkchina/insight/research/pdf/chinese_auto_industry.pdf. Accessed April 27, 2005.

Goldstein, Matthew. 2014a. "U.S. Targets Buyers of China–Bound Luxury Cars." *New York Times*, February 11, 2014. https://dealbook.nytimes. com/2014/02/11/u–s–targets–buyers–of–china–bound–luxury–cars/.Accessed January 23, 2017.

——. 2014b. "U.S. Ordered to Return Assets Held in Crackdown of Luxury Cars Exported to China." *New York Times*, April 3, 2014. https:// dealbook.nytimes.com/2014/04/03/u–s–ordered–to–return–assets–seized–in–crackdown–on–exported–cars/?_r=0.Accessed January 23, 2014.

Goode, William Josiah. 1963. *World Revolution and Family Patterns*. New York: Free Press of Glencoe.

Greenhalgh, Susan. 2008. *Just One Child: Science and Policy in Deng's China*. Berkeley: University of California Press.

Gudis, Catherine. 2010. "Driving Consumption." *History and Technology* 26 (4): 369–378.

Gupta, Akhil. 2012. *Red Tape: Bureaucracy, Structural Violence, and Poverty in India.* Durham, NC: Duke University Press.

Hacking, Ian. 2002. "Inaugural Lecture: Chair of Philosophy and History of Scientific Concepts at the Collège de France, 16 January 2001." *Economy and Society* 31 (1): 1–14.

Hanser, Amy. 2008. *Service Encounters: Class, Gender, and the Market for Social Distinction in Urban China.* Stanford, CA: Stanford University Press.

Hao, Zehua. 2004. "Kongque Weihe Dongnan Fei: Guangzhou Biaozhi Hezi Shibai Yuanyin Tanxi" (Why peacocks flied in opposite directions: the reasons for the failure of the Guangzhou–Peugeot joint–venture). *Qiye Wenhua* (3): 19–22.

Harrell, Stevan. 1977. "Modes of Belief in Chinese Folk Religion." *Journal for the Scientific Study of Religion* 16 (1): 55–65.

———. 1987. "The Concept of Fate in Chinese Folk Ideology." *Modern China* 13 (1): 90–109.

Hausen, Karin. 1981. "Family and Role–Division: The Polarisation of Sexual Stereotypes in the Nineteenth Century—an Aspect of the Dissociation of Work and Family Life." In *The German Family: Essays on the Social History of the Family in Nineteenth-and Twentieth-Century Germany,* edited by Richard J. Evans and W. Robert Lee, 51–83. London; Totowa, NJ: Croom Helm; Barnes & Noble.

Hayek, Friedrich A. von. 1980. *The Road to Serfdom.* Chicago: University of Chicago Press.

Hazelzet, Arjan, and Bart Wissink. 2012. "Neighborhoods, Social Networks, and Trust in Post–Reform China: The Case of Guangzhou." *Urban Geography* 33 (2): 204–220.

Heiman, Rachel. 2015. *Driving after Class: Anxious Times in an*

American Suburb. Oakland: University of California Press.

Heiman, Rachel, Carla Freeman, and Mark Liechty, eds. 2012. *The Global Middle Classes: Theorizing through Ethnography*. Santa Fe, NM: SAR Press.

Hoffe, Jason, Kevin Lane, and Victoria Miller Nam. 2003. "Branding Cars in China." *McKinsey Quarterly* 4 (special edition): 14.

Hoffman, Lisa. 2010. *Patriotic Professionalism in Urban China: Fostering Talent*. Philadelphia: Temple University Press.

Hsing, You-tien. 2010. *The Great Urban Transformation: Politics of Land and Property in China*. Oxford: Oxford University Press.

Hsu, Carolyn L. 2007. *Creating Market Socialism: How Ordinary People Are Shaping Class and Status in China*. Durham, NC: Duke University Press.

Hu, Yang, and Jacqueline Scott. 2016. "Family and Gender Values in China: Generational, Geographic, and Gender Differences." *Journal of Family Issues* 37 (9): 1267–1293.

Huang, Philip C. 2011. "The Modern Chinese Family: In Light of Economic and Legal History." *Modern China* 37 (5): 459–497.

Huang, Yasheng. 2002. "Between Two Coordination Failures: Automotive Industrial Policy in China with a Comparison to Korea." *Review of International Political Economy* 9 (3): 538.

Hull, Isabel V. 1996. *Sexuality, State, and Civil Society in Germany, 1700–1815*. Ithaca, NY: Cornell University Press.

Humphrey, Caroline. 1998. *Marx Went Away—but Karl Stayed Behind*. Ann Arbor: University of Michigan Press.

Ikels, Charlotte. 1996. *The Return of the God of Wealth: The Transition to a Market Economy in Urban China*. Stanford, CA: Stanford University Press.

Jackson, Kenneth T. 1985. *Crabgrass Frontier: The Suburbanization of the United States*. New York: Oxford University Press.

Jain, Sarah S. Lochlann. 2002. "Urban Errands: The Means of Mobility." *Journal of Consumer Culture* 2 (3): 385–404.

——. 2004. "Dangerous Instrumentality: The Bystander as Subject in Automobility." *Cultural Anthropology* 19 (1): 61–94.Jankowiak, William R. 1993. *Sex, Death, and Hierarchy in a Chinese City: An Anthropological Account*. New York: Columbia University Press.

Joniak–Lüthi, Agnieszka. 2016. "Roads in China's Borderlands: Interfaces of Spatial Representations, Perceptions, Practices, and Knowledges." *Modern Asian Studies* 50 (1):118–140.

Joyce, Patrick. 2003. *The Rule of Freedom: Liberalism and the Modern City*. London: Verso.

Kay, Jane Holtz. 1998. *Asphalt Nation: How the Automobile Took over America, and How We Can Take It Back*. Berkeley: University of California Press.

Kipnis, Andrew B. 2006. "Suzhi: A Keyword Approach." *China Quarterly* 186:295–313.

——. 2007. "Neoliberalism Reified: Suzhi Discourse and Tropes of Neoliberalism in the People's Republic of China." *Journal of the Royal Anthropological Institute* 13 (2):383–400.

——. 2011. *Governing Educational Desire: Culture, Politics, and Schooling in China*. Chicago: University of Chicago Press.

——. 2016. *From Village to City: Social Transformation in a Chinese County Seat*. Oakland: University of California Press.

Klein, Jakob A. 2013. "Everyday Approaches to Food Safety in Kunming." *China Quarterly* 214:376–393.

Koshar, Rudy. 2004. "Cars and Nations: Anglo–German Perspectives on Automobility between the World Wars." *Theory Culture Society* 21 (4–5): 121–144.

Kraus, Richard Curt. 1989. *Pianos and Politics in China: Middle-Class Ambitions and the Struggle over Western Music*. New York: Oxford University Press.

Kuan, Teresa. 2015. *Love's Uncertainty: The Politics and Ethics of Child Rearing in Contemporary China.* Oakland: University of California Press.

Kuper, Adam. 2009. *Incest and Influence: The Private Life of Bourgeois England.* Cambridge, MA: Harvard University Press.

Lambek, Michael, ed. 2010. *Ordinary Ethics: Anthropology, Language, and Action.* New York: Fordham University Press.

Latour, Bruno. 1993. *We Have Never Been Modern.* Cambridge, MA: Harvard University Press.

Lee, Ching Kwan. 2007. *Against the Law: Labor Protests in China's Rustbelt and Sunbelt.* Berkeley: University of California Press.

Lee, Leo Ou-fan. 1999. *Shanghai Modern: The Flowering of a New Urban Culture in China, 1930-1945.* Cambridge, MA: Harvard University Press.

Lefebvre, Henri. 1991. *The Production of Space.* Oxford: Blackwell.

Lei, Bin. 1998. "Guangzhou Biaozhi Weihe Jieti" (Why Guangzhou-Peugeot dissolved). *Zhongguo Touzi yu Jianshe* 6:17–18.

Lentz, Carola. 2015. "Elites or Middle Classes? Lessons from Transnational Research for the Study of Social Stratification in Africa." Arbeitspapiere des Instituts für Ethnologie und Afrikastudien der Johannes Gutenberg-Universität Mainz / Working papers of the Department of Anthropology and African Studies of the Johannes Gutenberg University Mainz, number 161. http://www.ifeas.uni-mainz.de/Dateien/AP_161.pdf.

Li, Cheng, ed. 2010. *China's Emerging Middle Class: Beyond Economic Transformation.* Washington, DC: Brookings Institution Press.

Li, Chunling. 2005. *Duanlie yu Suipian: Dangdai Zhongguo Shehui Jieceng Fenhua Shizheng Fenxi* (Cleavage and fragment: an empirical analysis on the social stratification of the contemporary China). Beijing: Zhongguo Shehui Kexue Wenxian Chubanshe.

Li, Fangchun. 2012. "Mass Democracy, Class Struggle, and Remolding the Party and Government during the Land Reform Movement in North China." *Modern China* 38(4): 411–445.

Li, Lin, and Jie Huang. 2004. "Biaozhi Shibai de Wenhua Qishi" (The cultural implication from Peugeot's failure). *Qiye Yanjiu* 10:15–16.

Li, Peilin. 2004. "Huashuo Shehui Fengceng" (On social stratification). In *Zhongguo Shehui Fenceng* (Social stratification in China), edited by Peilin Li, Qiang Li, Liping Sun, and Others, 1–15. Beijing: Shehui Kexue Wenxian Chubanshe.

Li, Peilin, Qiang Li, Liping Sun, and Others, eds. 2004. *Zhongguo Shehui Fenceng* (Social stratification in China). Beijing: Shehui Kexue Wenxian Chubanshe.

Li, Qiang. 2004. *Zhuanxing Shiqi: Zhongguo Shehui Fenceng* (An era of transformation: social stratification in China). Shenyang: Liaoning Jiaoyu Chubanshe.

Li, Si–ming, Yushu Zhu, and Limei Li. 2012. "Neighborhood Type, Gatedness, and Residential Experiences in Chinese Cities: A Study of Guangzhou." *Urban Geography* 33(2): 237–255.

Li, Yongjun. 2003a. "Zhongguo Qiche Gongye 50 nian Huigu (yi)" (Fifty years of China's auto industry development [1]). *Shanghai Qiche* 5:40–43.

———. 2003b. "Zhongguo Qiche Gongye 50 nian Huigu (san)" (Fifty years of China's auto industry development [3]). *Shanghai Qiche* 7:40–44.

Li, Yu. 2008. "Hunyin de Jiaoyu Pipei: Wushi Nian lai de Bianqian" (Trends in educational assortative marriage: 1949–2000). *Zhongguo Renkou Kexue* 3:73–79.

Liechty, Mark. 2003. *Suitably Modern: Making Middle-Class Culture in a New Consumer Society*. Princeton, NJ: Princeton University Press.

Lin, Yi. 2011. "Turning Rurality into Modernity: Suzhi Education in a Suburban Public School of Migrant Children in Xiamen." *China Quarterly* 206:313–330.

Ling, Minhua. 2015. "'Bad Students Go to Vocational Schools!' : Education, Social Reproduction and Migrant Youth in Urban China." *China Journal* 73:108–131, 308–309.

———. 2020. *The Inconvenient Generation: Migrant Youth Coming of Age on Shanghai's Edge.* Stanford: Stanford University Press.

Lonce, Stefan J. 2009. "License to Roam: Vanity License Plates and the Stories They Tell." www .LCNS2ROM.com. Accessed March 4, 2010.

Low, Setha M., and Neil Smith. 2006. *The Politics of Public Space.* New York: Routledge.

Lu, Duanfang. 2006. *Remaking Chinese Urban Form: Modernity, Scarcity, and Space, 1949-2005.* London: Routledge.

Lu, Hanchao. 1999. *Beyond the Neon Lights: Everyday Shanghai in the Early Twentieth Century.* Berkeley: University of California Press.

Lu, Xueyi, ed. 2002. *Dangdai Zhongguo Shehui Jieceng Yanjiu Baogao* (A study on social strata in contemporary China). Beijing: Shehui Kexue Wenxian Chubanshe.

Lü, Minghe. 2009. "Ma 6 Dang de Haofang Qingchun" (Mazda 6 gang's bold youth). *Nanfang Zhoumo*, September 20.

Lü, Xiaobo, and Elizabeth J. Perry, eds. 1997. *Danwei: The Changing Chinese Workplace in Historical and Comparative Perspective.* Armonk, NY: M. E. Sharpe.

Lutz, Catherine. 2014. "The U.S. Car Colossus and the Production of Inequality." *American Ethnologist* 41 (2): 232–245.

Lutz, Catherine, and Lila Abu-Lughod, eds. 1990. *Language and the Politics of Emotion.* Cambridge: Cambridge University Press.

Lutz, Catherine, and Anne Lutz Fernandez. 2010. *Carjacked: The Culture of the Automobile and Its Effect on Our Lives.* New York: Palgrave Macmillan.

Ma, Chunhua, Jinqun Shi, Yinhe Li, Zhenyu Wang, and Can Tang. 2011. "Zhongguo Chengshi Jiating Bianqian de Qushi he Zuixin Faxian" (Family change in urban areas of China: main trends and latest findings). *Shehuixue Yanjiu* 2:182–246.

Mahmood, Saba. 2005. *Politics of Piety: The Islamic Revival and the Feminist Subject.* Princeton, NJ: Princeton University Press.

Mangan, J. A., ed. 2005. *A Sport-Loving Society: Victorian and Edwardian Middle Class England at Play.* New York: Routledge.

Mattingly, Cheryl. 2012. "Two Virtue Ethics and the Anthropology of Morality." *Anthropological Theory* 12 (2): 161–184.

McShane, Clay. 1994. *Down the Asphalt Path: The Automobile and the American City.* New York: Columbia University Press.

Miller, Daniel. 2001. *Car Cultures.* Oxford: Berg.

Mitchell, Timothy. ed. 2000. *Questions of Modernity.* Minneapolis: University of Minnesota Press.

Mol, Annemarie. 2008. *The Logic of Care: Health and the Problem of Patient Choice.* London: Routledge.

Naughton, Barry. 2007. *The Chinese Economy: Transitions and Growth.* Cambridge, MA: MIT Press.

Navaro-Yashin, Yael. 2002. *Faces of the State: Secularism and Public Life in Turkey.* Princeton, NJ: Princeton University Press.

Noble, Gregory W. 2006. *The Emergence of the Chinese and Indian Automobiles Industries and Implications for Other Developing Countries.* http://siteresources.worldbank.org/INTCHIINDGLOECO/Resources/Noble-Emergence_of_Ch_Ind_auto_ind—revMay2006.doc. Accessed January 20, 2017.

Norton, Peter D. 2008. *Fighting Traffic: The Dawn of the Motor Age in the American City.* Cambridge, MA: MIT Press.

Notar, Beth E. 2012. " 'Coming Out' to 'Hit the Road' : Temporal, Spatial and Affective Mobilities of Taxi Drivers and Day Trippers in Kunming, China." *City and Society* 24 (3): 281–301.

———. 2015. "From Flying Pigeons to Fords: China's New Car Culture." In *East Asia in the World: An Introduction*, edited by Anne Prescott, 122–139. New York: Routledge.

———. 2017. " 'My Dad Is Li Gang!' ; or, Seeing the State: Transgressive Mobility, Collective Visibility, and Playful Corruption in Contemporary Urban China." *Asian Anthropology* 16 (1): 35–53.

Oakes, Tim.2020. "Leisure as Governable Space: Transcultural Lesiure and Governmentality in Urban China." In Testing the Margins of Leisure: Case Studies in China, Japan, and Indonesia, edited by Rudolf Wagner, Catherine V. Yeh, Eugenio Menegon and Robert Weller, 13–41. Heidelberg: Heidelberg University Press.

O'Brien, Kevin, and Lianjiang Li. 2006. *Rightful Resistance in Rural China*. Cambridge: Cambridge University Press.

O'Dougherty, Maureen. 2002. *Consumption Intensified: The Politics of Middle-class Daily Life in Brazil*. Durham, NC: Duke University Press.

Oi, Jean C. 1992. "Fiscal Reform and the Economic Foundations of Local State Corporatism in China." *World Politics* 45 (1): 99–126.

Ong, Aihwa. 2006. *Neoliberalism as Exception: Mutations in Citizenship and Sovereignty*. Durham, NC: Duke University Press.

Ong, Aihwa, and Stephen J. Collier, eds. 2005. *Global Assemblages: Technology, Politics, and Ethics as Anthropological Problems*. Malden, MA: Blackwell Publishing.

Ortner, Sherry B. 1995. "Resistance and the Problem of Ethnographic Refusal." *Comparative Studies in Society and History* 37 (1): 173–193.

———. 2003. *New Jersey Dreaming: Capital, Culture, and the Class of '58.* Durham, NC: Duke University Press.

———. 2006. *Anthropology and Social Theory: Culture, Power, and the Acting Subject*. Durham, NC: Duke University Press.

Osburg, John. 2013. *Anxious Wealth: Money and Morality among China's*

New Rich. Stanford, CA: Stanford University Press.

Otis, Eileen M. 2012. *Markets and Bodies: Women, Service Work, and the Making of Inequality in China*. Stanford, CA: Stanford University Press.

Owensby, Brian Philip. 1999. *Intimate Ironies: Modernity and the Making of Middle-Class Lives in Brazil*. Stanford, CA: Stanford University Press.

Packer, Jeremy. 2008. *Mobility without Mayhem: Safety, Cars, and Citizenship*. Durham, NC: Duke University Press.

Polanyi, Karl. 2001. *The Treat Transformation: The Political and Economic Origins of Our Time*. Boston: Beacon Press (first published in 1944).

Pow, Choon–Piew. 2009. *Gated Communities in China: Class, Privilege and the Moral Politics of the Good Life*. London: Routledge.

Pun, Ngai. 2005. *Made in China: Women Factory Workers in A Global Workplace*. Durham; Hong Kong: Duke University Press; Hong Kong University Press.

Ren, Hai. 2013. *The Middle Class in Neoliberal China: Governing Risk, Life-Building, and Themed Spaces*. London: Routledge.

Rofel, Lisa. 1999. *Other Modernities: Gendered Yearnings in China after Socialism*. Berkeley: University of California Press.

Rolandsen, Unn Målfrid H. 2011. *Leisure and Power in Urban China: Everyday Life in a Medium-Size Chinese City*. London: Routledge.

Rose, Nikolas. 1999. *Powers of Freedom: Reframing Political Thought*. Cambridge: Cambridge University Press.

Rowe, Michael. 1999. *Crossing the Border: Encounters between Homeless People and Outreach Workers*. Berkeley: University of California Press.

Santos, Gonçalo D. 2008. "On 'same–year siblings' in rural South China." Journal of the Royal Anthropological Institute 14 (3): 535–553.

———. 2016. "On Intimate Choices and Troubles in Rural South China." *Modern Asian Studies* 50 (4): 1298–1326.

———. 2021. Chinese Village Life today: Building Families in an Age of Transition.

Seattle: University of Washington Press.

Santos, Gonçalo D., and Stevan Harrell, eds. 2017. *Transforming Patriarchy: Chinese Families in the Twenty-First Century.* Seattle: University of Washington Press.

Sato, Ikuya. 1991. *Kamikaze Biker: Parody and Anomy in Affluent Japan.* Chicago: University of Chicago Press.

Seiler, Cotten. 2008. *Republic of Drivers: A Cultural History of Automobility in America.* Chicago: University of Chicago Press.

Shambaugh, David L. 2000. *The Modern Chinese State.* New York: Cambridge University Press.

Sheller, Mimi. 2004. "Automotive Emotions: Feeling the Car." *Theory Culture Society* 21(4–5): 221–242.

Sheller, Mimi, and John Urry. 2000. "The City and the Car." *International Journal of Urban and Regional Research* 24 (4): 737–757.

Sherman, Rachel. 2007. *Class Acts: Service and Inequality in Luxury Hotels.* Berkeley: University of California Press

Shove, Elizabeth. 2012. "Comfort and Convenience: Temporality and Practice." In *The Oxford Handbook of the History of Consumption,* edited by Frank Trentmann, 289–306. Oxford Handbooks Online: Oxford University Press.

Siegelbaum, Lewis. 2008. *Cars for Comrades: The Life of the Soviet Automobile. Ithaca,* NY: Cornell University Press.

———. ed. 2011. *The Socialist Car: Automobility in the Eastern Bloc.* Ithaca, NY: Cornell University Press.

Simmel, Georg. 2004. *The Philosophy of Money.* London: Routledge.

Siu, Helen F. 1989. "Socialist Peddlers and Princes in a Chinese Market Town." *American Ethnologist* 16 (2): 195–212.

———. 2007. "Grounding Displacement: Uncivil Urban Spaces in Postreform South China." *American Ethnologist* 34 (2): 329–350.

Smart, Josephine, and Alan Smart. 1999. "Personal Relations and

Divergent Economies: A Case Study of Hong Kong Investment in South China." In *Theorizing the City: The New Urban Anthropology Reader*, edited by Setha M. Low, 169–200. New Brunswick, NJ: Rutgers University Press.

Solinger, Dorothy J. 1999. *Contesting Citizenship in Urban China: Peasant Migrants, the State, and the Logic of the Market*. Berkeley: University of California Press.

Stafford, Charles. 2009. "Numbers and the Natural History of Imagining the Self in Taiwan and China." *Ethnos* 74 (1): 110–126.

———. 2010. "Some Qualitative Mathematics in China." *Anthropological Theory* 10 (1–2):81–86.

Steinhardt, Nancy Shatzman. 1998. "Mapping the Chinese City: The Image and the Reality." In *Envisioning the City: Six Studies in Urban Cartography*, edited by David Buisseret, 1–33. Chicago: University of Chicago Press.

Sun, Liping. 2004. *Zhuanxing yu Duanlie: Gaige Yilai Zhongguo Shehui Jiegou de Bianqian* (Transformation and rupture: the transformation of the social structure in China since the reforms). Beijing: Qianghua Daxue Chubanshe.

Sun, Yuchun, Lin Jin, and Dongshui Su. 2000. "Jiaru WTO dui zhongguo qiche chanye de yingxiang" (Influence of China's entrance into the WTO on its automobile industry). *Fudan Xuebao (shehui kexue ban)* 2:1.

Swider, Sarah. 2015. "Reshaping China's Urban Citizenship: Street Vendors, Chengguan and Struggles over the Right to the City." *Critical Sociology* 41 (4–5): 701–716.

Thornton, Arland. 2001. "The Developmental Paradigm, Reading History Sideways, and Family Change." *Demography* 38 (4): 449–465.

Thun, Eric. 2006. *Changing Lanes in China: Foreign Direct Investment, Local Government, and Auto Sector Development*. Cambridge: Cambridge University Press.

Tomba, Luigi. 2004. "Creating an Urban Middle Class: Social Engineering in Beijing." *China Journal* 51:1–26.

———. 2005. "Residential Space and Collective Interest Formation in Beijing's Housing Disputes." *China Quarterly* 184:934–951.

———. 2009. "Of Quality, Harmony, and Community: Civilization and the Middle Class in Urban China." *Positions* 17 (3): 591–616.

———. 2014. *The Government Next Door: Neighborhood Politics in Urban China.* Ithaca, NY: Cornell University Press.

Townsend, James R. 1967. *Political Participation in Communist China.* Berkeley: University of California Press.

Tsang, Eileen Yuk-Ha. 2014. *The New Middle Class in China: Consumption, Politics and the Market Economy.* Basingstoke, UK: Palgrave Macmillan.

Urry, John. 2004. "The 'System' of Automobility." *Theory Culture Society* 21 (4–5): 25–39.

———. 2007. *Mobilities.* Cambridge: Polity.

Verdery, Katherine. 1991. *National Ideology under Socialism: Identity and Cultural Politics in Ceausescu's Romania.* Berkeley: University of California Press.

———. 1996. *What Was Socialism, and What Comes Next?* Princeton, NJ: Princeton University Press.

———. 2003. *The Vanishing Hectare: Property and Value in Postsocialist Transylvania.* Ithaca, NY: Cornell University Press.

Vogel, Ezra F. 1989. *One Step ahead in China: Guangdong under Reform.* Cambridge, MA: Harvard University Press.

Walder, Andrew G. 1986. *Communist Neo-traditionalism: Work and Authority in Chinese Industry.* Berkeley: University of California Press.

Walder, Andrew G, and Songhua Hu. 2009. "Revolution, Reform, and Status Inheritance: Urban China, 1949–1996." *American Journal of Sociology* 114 (5): 1395–1427.

Wang, Donggen, Fei Li, and Yanwei Chai. 2012. "Activity Spaces and Sociospatial Segregation in Beijing." *Urban Geography* 33 (2): 256–277.

Wang, Jianfeng. 2005. "The Politics of Neighborhood Governance: Understanding China's State–Society Relations through an Examination of the Residents Committee." PhD diss., West Michigan University.

Wang, Jing. 2001. "The State Question in Chinese Popular Cultural Studies." *Inter-Asia Cultural Studies* 2 (1): 35–52.

Wang, Lei. 2002. "Chepai, Ziyou yu Gexinghua" (Auto license plates, freedom and individualization). *Renmin Fayuan Bao,* September 2. http://www.people.com.cn/GB/guandian/29/173/20020902/813254.html.Accessed January 21, 2017.

Wang, Li. 2002. " 'Gexinghua' Chepai Jinji Jiaoting" (Individualized auto license plates suddenly came to an end). *Guoji Jinrongbao*, August 23.

Wang, Ning. 2007. "Xiaofei Zhidu, Laodong Ziyuan yu Hefaxing Ziyuan: Weirao Chengzhen Zhigong Xiaofei Shenghuo yu Laodong Dongji de Zhidu Anpai ji Zhuanxing Luoji" (Consumption institutions, incentives to labor, and legitimacy resources: the change of institutional arrangements regarding consumer lives and laborer motivations in urban China). *Shehuixue Yanjiu* 3:74–98.

Wang, Shaoguang. 1995. "The Politics of Private Time: Changing Leisure Patterns in Urban China." *In Urban Spaces in Contemporary China: The Potential for Autonomy and Community in Post-Mao China,* edited by Deborah S. Davis, Richard Curt Kraus, Barry Naughton, and Elizabeth J. Perry, 149–172. Washington, DC; Cambridge: Woodrow Wilson Center Press; Cambridge University Press.

Wang, Wei. 1998. "Peiyu Qiyejia de Xintai: Cong 'Guangzhou Biaozhi' Jieti Tanqi" (Fostering entrepreneurship: on the dissolution of Guangzhou–Peugeot). *Zhongguo Waizi* 7:24–25.

Wang, Xiying, and Daniel Nehring. 2014. "Individualization as an Ambition: Mapping the Dating Landscape in Beijing." *Modern China* 40 (6):

578–604.

Wang, Xuegong. 2005. "Cong Guangzhou Biaozhi Dao Guangzhou Bentian: Lun Hezi Qiye zhong de Kua Wenhua Guangli" (From Guangzhou–Peugeot to Guangzhou–Honda: cross–cultural management in joint ventures). *Shangchang Xiandaihua* 452 (12):270–271.

Wang, Yuesheng. 2006. "Dangdai Zhongguo Jiating Jiegou Biandong Fenxi" (The changing family structure in contemporary China: an analysis). *Zhongguo Shehui Kexue* 1:96–108.

Warner, Sam Bass. 1978. *Streetcar Suburbs: The Process of Growth in Boston, 1870–1900.* Cambridge, MA: Harvard University Press.

Weller, Robert P. 2014. "The Politics of Increasing Religious Diversity in China." *Daedalus* 143 (2): 135.

Whyte, Martin King, ed. 2003. *China's Revolutions and Intergenerational Relations.* Ann Arbor: Center for Chinese Studies, University of Michigan.

———. 2005. "Continuity and Change in Urban Chinese Family Life." *China Journal* 53:9–33.

———. 2010. "The Paradoxes of Rural–urban Inequality in Contemporary China." In *One Country, Two Societies: Rural-Urban Inequality in Contemporary China*, edited by Martin King Whyte, 1–25. Cambridge, MA: Harvard University Press.

Whyte, Martin King, and William L. Parish. 1984. *Urban Life in Contemporary China.* Chicago: University of Chicago Press.

Winner, Langdon. 1986. "Do Artifacts Have Politics." In *The Whale and the Reactor: A Search for Limits in an Age of High Technology*, 19–39. Chicago: University of Chicago Press.

Wollen, Peter, and Joe Kerr, eds. 2002. *Autopia: Cars and Culture.* London: Reaktion.

Woronov, Terry E. 2016. *Class Work: Vocational Schools and China's Urban Youth.* Stanford, CA: Stanford University Press.

Wu, Kangping, and Chunlu Fei. 2002. *WTO Kuangjia xia Zhonguo Qiche Jingji de Zengzhangji* (The development of China's auto industry under the WTO framework).Beijing: Jingji Kexue Chubanshe.

Wu, Yiching. 2014. *The Cultural Revolution at the Margins: Chinese Socialism in Crisis.* Cambridge, MA: Harvard University Press.

Xie, Wei, and Yanwu Xu. 1998. "Guanshui zhengce yu Zhongguo jiaoche gongye de fazhan" (Tariff policies and the development of China's automobile industry). *Jiaoche gongye* (Automobile industry) 5:21.

Xu, Zhong. 2007. "Lunzi Shang de Jueqi: Zhongguo Jiaoche 50 Nian" (Rising on the wheels: fifty years of China's auto industry). *Nanfang Zhoumo,* November 27.

Yan, Hairong. 2003. "Neoliberal Governmentality and Neohumanism: Organizing Suzhi Value Flow through Labor Recruitment Networks." *Cultural Anthropology* 18 (4):493–523.

———. 2008. *New Masters, New Servants: Migration, Development, and Women Workers in China.* Durham, NC: Duke University Press.

Yan, Yunxiang. 2003. *Private Life under Socialism: Love, Intimacy, and Family Change in a Chinese Village, 1949-1999.* Stanford, CA: Stanford University Press.

———. 2009. *The Individualization of Chinese Society.* Oxford: Berg.

———. 2011. "The Changing Moral Landscape." In *Deep China: The Moral Life of the Person; What Anthropology and Psychiatry Tell Us about China Today,* edited by Arthur Kleinman, Yunxiang Yan, Jun Jing, Sing Lee, Everett Zhang, Tianshu Pan, Fei Wu, and Jinhua Guo, 36–77. Berkeley: University of California Press.

———. 2013. "The Drive for Success and the Ethics of the Striving Individual." In *Ordinary Ethics in China,* edited by Charles Stafford, 263–291. London: Berg.

Yang, Xiaohua. 1995. *Globalization of the Automobile Industry: The*

United States, Japan, and the People's Republic of China. Westport, CT: Praeger.

Yao, Binhua, and Jianqing Han. 2008. *Jianzheng Guangzhou Qiche Shinian* (Witnessing a decade's Guangzhou auto industry). Guangzhou: Guangdong Renmin Chubanshe.

Yip, Ngai Ming. 2012. "Walled Without Gates: Gated Communities in Shanghai." *Urban Geography* 33 (2): 221–236.

Yu, LiAnne. 2014. *Consumption in China: How China's New Consumer Ideology Is Shaping the Nation.* Cambridge: Polity Press.

Yurchak, Alexei. 2006. *Everything Was Forever, Until It Was No More: The Last Soviet Generation.* Princeton, NJ: Princeton University Press.

Zhang, Boshun. 1998. "Jiaru WTO yu qiche guanshui" (Joining the WTO and auto tariffs). *Qiche yu peijian* (18), n.p.

Zhang, Jizhou. 1994. "Jinkou qiche fengyun lu" (A survey of imported cars). *Shanghai qiche* 3:60–61.

Zhang, Jun. 2015. "The Rise and Fall of Qilou: Metamorphosis of Forms and Meanings in the Built Environment of Guangzhou." *Traditional Dwellings and Settlements Review* 26 (2): 25–40.

——. 2016. "Taxis, Traffic, and Thoroughfares: The Politics of Transportation Infrastructure in China's Rapid Urbanization in the Reform Era." *City and Society* 28 (3): 411–436.

——. 2017. "Materializing a Form of Urban Governance: When Street Building Intersected with City Building in Republican Canton (Guangzhou), China." *History and Technology* 33 (2): 153–174.

Zhang, Jun, and Peidong Sun. 2014. " 'When Are You Going to Get Married?' Parental Matchmaking and Middle-Class Women in Contemporary Urban China." In *Wives, Husbands, and Lovers: Marriage and Sexuality in Hong Kong, Taiwan, and Urban China,* edited by Deborah Davis and Sara Friedman, 118–144. Stanford, CA: Stanford University Press.

Zhang, Li. 2010. *In Search of Paradise: Middle-Class Living in a Chinese Metropolis*. Ithaca, NY: Cornell University Press.

Zhang, Li, and Aihwa Ong, eds. 2008. *Privatizing China: Socialism from Afar*. Ithaca, NY: Cornell University Press.

Zhang, Weiguo. 2009. " 'A Married Out Daughter Is Like Spilt Water' ?: Women's Increasing Contacts and Enhanced Ties with Their Natal Families in Post-Reform Rural North China." *Modern China* 35 (3): 256–283.

Zheng, Yefu, ed. 1996. *Jiaoche Da Lunzhan* (Auto debates). Beijing: Jingji Kexue Chubanshe.

Zhou, Xiaohong, ed. 2005. *Zhongguo zhongchan jieceng diaocha* (Survey of the Chinese middle class). Beijing: Shehui kexue wenxian chubanshe.

Zunz, Olivier, Leonard J. Schoppa, and Nobuhiro Hiwatari, eds. 2002. *Social Contracts under Stress: The Middle Classes of America, Europe, and Japan at the Turn of the Century*. New York: Russell Sage Foundation.

索 引

suzhi (quality), 20, 109–111, 117–124, 126, 129–131, 181–182

symbiotic relationship, 41, 68, 148, 177–178

tariff, 27–28, 31, 35, 37–38, 90–91, 198n8; tariff–free
zones, 90–91
taxi, 23–24, 46–47, 59, 99
trading companies, 90–91, 94–96

upward social mobility: and car ownership, 9–10, 62; and middle class, 15,
18–19, 73, 89, 103–104, 111, 123–126, 128–131, 143, 154, 181; and new rich,
151, 154

United States: automotive regime, 3, 41, 43–44, 62, 133–134, 152

urban planning, 172–176

World Trade Organization (WTO): impact on automotive regime, 8, 17, 27–
28, 35–44, 91, 105–107, 180–181

zhizhu hangye. See pillar industries
zhongchan (midpropertied), 13–14. *See also* middle class
Zhongguo Qiche Zhizao Gongsi. See China Auto Manufacturing Company